Reihe Germanistische Linguistik 16

Herausgegeben von Hans Peter Althaus, Helmut Henne, Roland Ris, Horst Sitta und Herbert Ernst Wiegand

Gisela Harras

Kommunikative Handlungskonzepte

oder
Eine Möglichkeit, Handlungsabfolgen als Zusammenhänge zu erklären, exemplarisch an Theatertexten

Max Niemeyer Verlag
Tübingen 1978

CIP-Kurztitelaufnahme der Deutschen Bibliothek

Harras, Gisela:
Kommunikative Handlungskonzepte oder eine Möglichkeit, Handlungsabfolgen als Zusammenhänge zu erklären, exemplarisch an Theatertexten / Gisela Harras. – Tübingen : Niemeyer, 1978.
(Reihe germanistische Linguistik ; 16)
ISBN 3-484-10324-8

ISBN 3-484-10324-8 / ISSN 0344-6778

VORAB

Am anfang meiner überlegungen, die zur vorliegenden arbeit führten, gab es für mich zwei unterschiedliche interessensrichtungen. Die eine: ich wollte wissen, was die so häufig zu lesende behauptung oder feststellung: "sprechen ist handeln" wirklich heißt, was sie für einen sinn hat oder unter welchen voraussetzungen sie sinnvoll ist. Die andere: ich wollte wissen, wie die tatsache erklärbar wird, daß wir einzelne geschehnisse oder handlungen beobachtend immer als zusammenhang begreifen; dies wollte ich vor allem für das betrachten von vorgeführten aktionen im theater oder auch im kino erfahren. Intensive beschäftigung mit dem bereich der linguistischen pragmatik und lust- oder leidvolles zuschaun im theater förderten die verknüpfung beider interessen, deren resultat dem leser jetzt vorliegt.

Daß es überhaupt zu einem resultat gekommen ist, verdanke ich vielen freunden und kollegen. Ohne ihre hilfe wäre diese arbeit überhaupt nie angefangen - geschweige denn, geschrieben - worden: Klaus Baumgärtner, M.-R. Alain Chabat, Irene Heister, Volker Klotz, Alex Ströbl, H.-Ernst Wiegand. Wertvolle hinweise für die endfassung verdanke ich Christian Rohrer.
Für gewissenhafte und geduldvolle schreibarbeiten bedanke ich mich bei Maria Latt.

Stuttgart, im März 1977 Gisela Harras

INHALT:

1. EINLEITUNG

FRAGESTELLUNG UND PROGRAMM DIESER ARBEIT

Mit dieser arbeit will ich im wesentlichen einen beitrag liefern zur beantwortung der frage, in welcher weise aufeinander folgende kommunikative handlungen miteinander verknüpft sein können; oder vom blickwinkel des untersuchenden her gefragt: unter welchen bedingungen abfolgen kommunikativer handlungen als zusammenhänge, als komplexe handlungseinheiten, beschrieben werden können.

Voraussetzung für die beantwortung dieser frage ist eine bestimmung dessen, was wir allgemein unter handlung, und speziell unter kommunikativer handlung verstehen. Es ist jedoch nicht ganz unproblematisch, eine solche bestimmung überhaupt anzustreben, weil damit zugleich auch die - nicht selbstverständliche - möglichkeit eines einheitlichen handlungsbegriffs postuliert wird. Es muß deshalb vorgängig vor jedem bestimmungsversuch geklärt werden, unter welchen voraussetzungen und - u. u. einschränkenden - bedingungen es möglich und sinnvoll ist, einen einheitlichen handlungsbegriff anzunehmen.

Was das programm dieser arbeit betrifft, so werde ich zunächst von einigen grundsätzlichen überlegungen zur möglichkeit eines einheitlichen handlungsbegriffs oder -konzepts ausgehen und damit zugleich diejenigen voraussetzungen und bedingungen explizieren, unter denen ich dann ein bestimmtes handlungskonzept entwickeln werde, das - mit notwendigen ergänzungen und präzisierungen - zur kennzeichnung kommunikativer handlungen dienen soll. Eine diskussion darüber, inwieweit das entwickelte handlungskonzept zur identifizierung einer einzelnen kommunikativen handlung sowie zur erfassung systematischer zusammenhänge innerhalb einer abfolge kommunikativer handlungen taugt, wird sich anschließen. Die ergebnisse dieser diskussion werden in ein - unter methodischen gesichtspunkten - erweitertes handlungskonzept einfließen. Dieses wird als lieferant von kriterien und als analyseinstrument bei der untersuchung von theatertexten unterschiedlicher länge zur erfassung systematischer handlungszusammenhänge verwendet werden. Ein solches vorgehen bedingt (leider), daß der erste teil dieser arbeit weitgehend theoretisierend ausfällt und der empirische bezug zunächst zurücksteht.

Dies scheint mir jedoch angesichts der begrifflichen unklarheit, die zur zeit unter linguisten herrscht, wenn über "handlung/ kommunikative, sprachliche handlung" gesprochen wird, notwendig und von daher gerechtfertigt.

Es kommt mir nicht darauf an, eine - wie immer geartete - sprachliche handlungstheorie um eine weitere definitorische variante von "handlung/ kommunkativer, sprachlicher handlung" zu bereichern; das entwickelte handlungskonzept ist durch eine bestimmte fragestellung bedingt und - zunächst - nur unter dieser notwendig und sinnvoll. Meine überlegungen zum komplexen gegenstand handlung orientieren sich wesentlich an systematisch reflektierten erfahrungen, die wir handelnd und vor allem über unser handeln kommunizierend gemacht haben, und erst in zweiter linie an ganz bestimmten existenten theorien. Über gemachte handlungserfahrungen reflektieren heißt auch immer, alltäglich-selbstverständliches infrage stellen, heißt, bekanntes zum gegenstand der erkenntnis machen.

Es kommt mir auch nicht darauf an, mit dieser arbeit einen beitrag zu einer neuen untersuchungsmethode für bestimmte theatertexte zu liefern. Der gegenstandsbereich theatertext ist rein exemplarisch: nicht was jeweils über ein bestimmtes textvorkommen ausgesagt wird oder ausgesagt werden könnte, steht im vordergrund dieser arbeit, sondern aussagen, die zunächst unabhängig von je spezifischen handlungsvorkommen über möglichkeiten der erfassung systematischer zusammenhänge von handlungsabfolgen gemacht werden, sind entscheidend; die herangezogenen theatertexte sollen als beispiele für mögliche vorkommen strukturierbarer handlungsabfolgen behandelt werden.

Eine begründung für die bevorzugung von theatertexten vor anderen möglichen gegenständen - wie z. b. schriftlichen interviewprotokollen oder wiedergaben von alltagsdialogen - sowie eine angemessene charakterisierung des speziellen gegenstands theatertext werden an geeigneter stelle - in kap. 8.1, zu beginn des empirischen teils - gegeben werden.

2. ZUR MÖGLICHKEIT EINES EINHEITLICHEN HANDLUNGSBEGRIFFS

Ein handlungsbegriff ist weder unter dem anspruch allgemeiner gültigkeit noch unter dem anspruch eines allgemein gültigen anwendungsbereichs ohne weiteres und a priori definierbar:
"Keine der klassischen Künste und Wissenschaften, die mit Handlungen befaßt sind, sind imstande, von sich aus einen solchen universalen Anwendungsbereich eindeutig festzulegen, über ihren eigenen Anwendungs- und Geltungsbereich hinaus. Dies trifft ebenso zu für die Philosophische Ethik und die Theologie wie für Jurisprudenz und Politik, für Rhetorik ebenso wie für Poetik. Man muß sich fragen, ob die heutige Sozialwissenschaft auch dort, wo sie unter dem Namen einer Verhaltens- oder Handlungswissenschaft Ansprüche auf die Nachfolge klassischer Handlungswissenschaften erhebt, in einer grundsätzlich anderen Lage ist, ungeachtet ihrer universalistischen Tendenz."(1)

In einem weiten bereich gesellschaftlicher praxis, für die handlung eine grundkategorie darstellt, spielt deren begriffliche klärung so gut wie gar keine rolle (dies trifft z. b. weitgehend auf kommunikative praxis zu), im bereich speziell wissenschaftlicher, juristischer oder künstlerischer praxis bleibt die begriffliche klärung von handlung, wie Wiehl betont, immer an ganz bestimmte restriktive bedingungen geknüpft, die durch einen vorgegebenen anwendungsbereich definiert sind.

Ein mögliches fazit wäre:
- für unsere alltägliche handlungspraxis ist ein einheitlicher handlungsbegriff nicht notwendig.
- für eine wissenschaftliche, juristische oder künstlerische praxis wäre er zwar notwendig, ist aber sinnvoll nicht zu leisten - also kann man nur mehrere handlungsbegriffe ansetzen, jeweils unter spezifischen für einen ganz bestimmten anwendungsbereich gültigen bedingungen, z. b. für die philosophische ethik unter der bedingung der gültigkeit bestimmter sozialer normen, für die theologie unter der bedingung religiöser verantwortlichkeit, für die jurisprudenz unter der bedingung von rechtswidrigkeit

---

(1) WIEHL (1976), 59.

und schuld (2), für die poetik unter der bedingung der hervorbringung künstlerischer produkte usw.
- der universalistische anspruch der heutigen sozialwissenschaft besteht zu unrecht.

Eine zurückweisung der möglichkeit eines einheitlichen handlungsbegriffs mit der behauptung, man könne immer nur von jeweils bestimmten einzelnen handlungen oder handlungstypen X, Y, Z usw., jedoch nicht von handlung allgemein sprechen, setzt bereits die kategorie handlung voraus, in dem sinn, daß sie eine stattgefundene beurteilung eines tuns ALS handlung impliziert (3). Auf die explikation der bedingungen für eine solche beurteilung als handlung zielt aber eine allgemeine begriffsklärung von handlung, und nicht auf eine aufzählung gleicher merkmale einer möglichst großen menge aktualisierbarer handlungen.

Mit einer beurteilung eines bestimmten tuns als handlung ist auch immer eine grundlegende wertsetzung verbunden (4). Erst unter der bedingung einer solchen wertsetzung können handlungen zum gegenstand reflektierender beschäftigung werden. Dabei ist die setzung einer handlung durch einen handelnden uninteressant, solange sie nicht zum gegenstand von kommunikation wird, was nicht heißen soll, daß nur diejenigen handlungen als

---

(2) Eine durchsicht von gängigen einführungen in die strafrechtslehren hat ergeben, daß man auch in diesem bereich, in dem man eigentlich eine einheitliche definition von handlung erwarten sollte, handlung immer nur unter den spezifischen bedingungen der jurisdiktion bestimmt ist, vgl. stellvertretend dazu BOCKELMANN ([2] 1975), 50: *"Die Untersuchung der Handlungstheorien hat ergeben, daß der Handlungsbegriff nicht dazu taugt, als ein Zentral- oder Oberbegriff zu dienen, aus dem sich die Lösung wichtiger Systemfragen der Verbrechenslehre deduzieren ließe."*

(3) Ich will damit den angeführten wissenschaftsbereichen nicht unterstellen, daß sie die notwendigkeit einer beurteilung als handlung übersehen würden; lediglich scheint dort offenbar grundsätzlich ein anderes interesse an dem allgemeinen charakter von handlungen zu bestehen.

(4) vgl. WIEHL (1976), 59: *"Vor aller Bewertung einzelner Handlungen und Handlungstypen ist mit der Setzung einer Handlung als solcher eine grundlegende Wertsetzung vollzogen."*

solche gelten könnten, die gegenstand von kommunikation werden; nur spielt es keine rolle, ob das problemlos gebliebene tun eine handlung, ein physischer reflex oder sonst irgendeine verhaltensweise war.

Ein grundlegender handlungsbegriff umfaßt die wertsetzung eines tuns als handlung. Ein handelndes subjekt und seine mögliche handlungssetzung sind zwar notwendige bezugspunkte einer explikation von handlung, aber keine hinreichenden, da eine handlung in ihrer eigenschaft als handlung, die beim agenten als solche dadurch, daß er überhaupt etwas tut, immer vorausgesetzt ist, erst in kommunikativen zusammenhängen relevant wird. Damit ist die möglichkeit eines einheitlichen handlungsbegriffs bereits angedeutet: unter der voraussetzung der relevanz einer handlung in einem kommunikativen zusammenhang.

Eine untersuchung sprachlicher handlungsvorkommen, mit denen andere handlungen problematisiert werden, kann demnach - unter der bedingung der kommunikationsmöglichkeit über handlung - zur klärung eines allgemeinen handlungsbegriffs beitragen. Grundsätzlich bieten sich für eine wahl des sprachlichen gegenstandsbereichs die folgenden alternativen:

(1) - man kann die umgangssprachliche verwendung des ausdrucks *HANDLUNG* untersuchen,

(2) - man kann sprachliche sätze untersuchen, in denen vermittels bestimmter verben etwas über tätigkeiten/handlungen ausgesagt wird, d.h. man kann die verwendung bestimmter tätigkeitsverben untersuchen,

(3) - man kann untersuchen, mit welchen äußerungen handlungen problematisiert werden können, d. h. man kann untersuchen, in welcher weise eine andere person als die handelnde diese auf ihre handlung hin ansprechen kann, z. b. durch bestimmte fragen, vorwürfe, zurückweisungen u. dgl. und wie der handelnde darauf antworten kann, z. b. durch bestimmte begründungen, entschuldigungen, rechtfertigungen usw.

Zu (1):
Ich halte die erste möglichkeit für die unglücklichste: der hier angesprochene handlungsbegriff bezieht sich nicht auf eine gebrauchssemantik des umgangssprachlichen ausdrucks *HANDLUNG*, sondern auf den inhalt eines theoretischen ausdrucks, auf einen terminus, der von dem gleichlautenden umgangssprachlichen ausdruck *HANDLUNG* seman-

tisch abweicht(5). Dies wird bereits am gegenstandsbereich der linguistik selbst deutlich: in linguistischer redeweise sagen wir, daß das vorbringen einer äußerung als vollzug einer handlung gilt; wir sprechen von behauptungshandlungen, aufforderungshandlungen, versprechenshandlungen, überredungshandlungen usw. Umgangssprachlich würden wir auf das äußern von z. b.:

(i) LASS MICH JETZT ENDLICH MIT DEINER LANGWEILIGEN HANDLUNGSTHEORIE IN RUHE!

nicht mit einer antwort reagieren wie z. b.:

(ii) DIESE HANDLUNG IST EINE GEMEINHEIT VON DIR

sondern eher:

(iii) WAS DU DA SAGST, IST EINE GEMEINHEIT VON DIR

Zu (2):
Eine untersuchung von handlungs/tätigkeitssätzen gibt eine fülle von aufschlüssen über bestimmte tätigkeits/handlungsprädikate(6), die für einen allgemeinen handlungsbegriff tauglich gemacht werden könnten, allerdings m. e. nur unter der voraussetzung aufwendiger klassifizierungen, die u. u. doch wieder nur auf bestimmte besonderheiten ganz spezieller handlungen verweisen und lediglich implizit auf die grundsätzliche qualität einer handlung als handlung.

Zu (3):
Eine untersuchung möglicher problematisierungsfälle von handlungen halte ich aus zwei gründen für die zweckmässigste verfahrensweise:

- einmal, weil der gegenstandsbereich auf eine einschlägige situation verweist, in der die legitimation einer handlung als solcher, d. h. in ihrer grundsätzlichen eigenschaft als handlung infrage steht,
- zum andern, weil die schaffung der situation durch das handelnde subjekt und einen problematisierer die notwendigkeit und damit grundsätzlich die fähigkeit zur reflexion über handlung voraussetzt.

---

(5) vgl. AUSTIN (1974): *"Ein vernünftiger, um nicht zu sagen, kluger Anfang besteht nun darin, daß man sich klarmacht, daß der Ausdruck 'eine Handlung vollziehen', so wie er in der Philosophie (Anm.: Dieser Gebrauch hat mit den eher nüchternen Vorkommnissen von 'Handlung' in der Umgangssprache wenig zu tun) gebraucht wird, äußerst abstrakt ist."*

(6) vgl. dazu BRENNENSTUHL (1975), bes. 102 - 190.

Die voraussetzung einer solchen reflexionsfähigkeit muß bereits gemacht werden, um die möglichkeit der explikation eines begriffs von handlung überhaupt annehmen zu können. Wenn man von möglichen handlungsvorkommen allein ausgehen wollte, wäre es unsinnig, in diesen immer einen ausdruck von reflexionsfähigkeit sehen zu wollen: im allgemeinen - und im bereich kommunikativer praxis im besonderen - handeln wir weitgehend automatisiert, unreflektiert, und ebenso unreflektiert, wie wir selbst handeln, nehmen wir das handeln anderer wahr und beurteilen es als handlung. Die disposition zur reflexion über handlungen findet ihren ausdruck gerade nicht im handlungsvollzug oder im alltagspraktischen beurteilungsakt von tätigkeiten als handlung, sondern in der kommunikation über handlungen.

Eine handlung kann im augenblick ihres vollzuges nur bis zu einem ganz geringen grad reflektiert werden. Für einen handelnden ist seine handlung erst dann in vollem umfang reflexionsfähig, wenn sie vollzogen ist oder für ihn im vorgriff als vollzogen gilt(7). Einschlägige situationen, in denen handlungen zum gegenstand reflektierender beschäftigung werden, werden geschaffen, wenn eine vollzogene oder als vollzogen gedachte handlung in irgendeiner weise problematisch geworden ist, sei es für den handelnden selbst, sei es für seine jeweiligen partner oder für einen beliebigen beobachter.

Eine klärung des handlungsbegriffs in der angegebenen weise nimmt bezug auf situationen, die denen der jurisdiktion ähnlich sind: ein handelnder wird im weitesten sinn dazu aufgefordert, sein handeln als legitim auszuweisen. Im alltagspraktischen bereich wird die notwendigkeit der handlungslegitimation eher als nicht selbstverständlich, als sonderfall, aufgefaßt. Daß man auf dessen möglichkeit bei der begriffsklärung von handlung verweist, muß aber nicht zwangsläufig die erhebung des sonderfalls zum regelfall bedeuten. Im rahmen eines solchen erklärungsmodells spielt es nämlich keine rolle, welche begründungen für handlungen in einem gegebenen problematisierungsfall jeweils auch faktisch geliefert werden; entscheidend ist nicht, ob die gründe, die ein handelnder zur legitimation seiner handlung anführt, für ihn beim handlungsvollzug auch tatsächlich eine rolle gespielt haben, sondern entscheidend ist, welche regeln der handelnde befolgen muß, damit seine äußerungen als

---

(7) Ergänzend zu SCHÜTZ (1974), der nur *"abgelaufenes, entwordenes Handeln"* (84) für reflexionsfähig hält, würde ich dies auch für begonnene handlungen unter der bedingung der möglichkeit ihres normalen, d. h. erwartbaren, vollzugs und abschlusses beanspruchen.

begründungen - ganz gleich, ob sie inhaltlich akzeptiert werden oder nicht - gelten können. Insofern ist es ziemlich irrelevant, berechtigte zweifel daran zu haben, "(...) ob jeder Handelnde sich in seinem Handeln so versteht, wie er sich interpretiert, wenn er nach Gründen gefragt wird. Die Warum-Frage wird für einen großen Teil täglicher Praxis eine Überraschung bedeuten. Das schlichte Gewohnheitshandeln gerät in den Sog einer Begründungsrhetorik. Die Gründe, die sich angeben lassen, sind nämlich nicht notwendig die Gründe, aus denen gehandelt wurde" (8).

Mit der voraussetzung der möglichkeit von kommunikation über handlung ist nicht notwendig die forderung verknüpft, jedes handeln müsse bis ins letzte rational begründbar sein. Durch die festlegung eines erklärungsrahmens, der mögliche handlungsproblematisierungen umfaßt, soll lediglich der ort bestimmt werden, an dem das gesellschaftlich verankerte wissen über allgemeine merkmale von handlungen zum ausdruck kommen kann, nachdem der handlungsvollzug selbst als ein solcher ort offenbar ausscheiden muß. Es soll aber keineswegs behauptet werden, daß alle handelnden subjekte über gleichmäßiges wissen um ihre ausgeführten handlungen verfügen(9).

Gegen ein verfahren, mit dem man aus möglichen problematisierungen bestimmter möglicher handlungsvorkommen aussagen über das wissen um allgemeine merkmale von handlung ableiten will, könnte der vorwurf erhoben werden, daß man mit unzulässigen verallgemeinerungen arbeite: jede sprachliche handlung, die ein singuläres handlungsvorkommen problematisiert, könne nur jeweils als auf den singulären fall dieses handlungsvorkommens bezogen gedacht werden und besitze deshalb keine funktion für die klärung eines allgemeinen handlungsbegriffs. Diesem vorwurf ist zweierlei entgegenzuhalten:

(1) jede mögliche handlungsproblematisierung hat ihren ursprung in der reflektierenden konfrontation des speziellen, singulären vorkommens einer handlung mit deren "typischem" vorkommen, d. h. ihrer konventionalen üblichkeit.

---

(8) BUBNER (1976), 152.

(9) Dies ist für BUBNER offenbar immer impliziert, wenn man zur explikation von handlung an mögliche kommunikation anknüpft: *"Dadurch wird eine Stilisierung auf durchgängig begründbares, innerlich konsistentes und in allen Punkten einsichtiges Verhalten aufgedrängt, das nicht mit den tatsächlichen Intentionen und Motivverläufen deckungsgleich sein muß."*, (152).

(2) jede mögliche sprachliche handlung, mit der ein agent auf eine problematisierung reagiert, muß notwendigerweise explizit oder implizit auf diese konventionale üblichkeit rekurrieren(10).

Wenn in reflexionsprozessen über handlungen, die in problematisierungen ihren ausdruck finden, ein bezug zwischen singulärem vorkommen und dem wissen über das typische oder konventional übliche der vollzogenen handlung hergestellt wird, so ist dies nur möglich auf dem hintergrund des wissens darüber, was eine handlung überhaupt als solche kennzeichnet.

Die konzeption eines einheitlichen handlungsbegriffs setzt voraus, daß reflexion über handlung auf dem hintergrund eines allgemeinen handlungs- oder praktischen wissens grundsätzlich als möglich angenommen, einer handlung im augenblick ihres vollzugs jedoch im allgemeinen nicht zugesprochen werden kann. Alle aussagen, die über handlung unter dieser voraussetzung gemacht werden, können sich demzufolge auch nicht auf merkmale beziehen, die einer handlung im augenblick ihres vollzugs zukommen, sondern auf merkmale, die einer handlung unter der bedingung ihrer reflexionsmöglichkeit zugesprochen werden können. Im hinblick auf den aspekt einer handelnden person bedeutet dies: nicht deren aktual-psychischen zustände oder prozesse beim handeln werden beschrieben, sondern das wissen über handlung, das in der reflexion zum ausdruck kommt. Damit beansprucht die explikation eines einheitlichen handlungsbegriffs nur gültigkeit für die bestimmung von handlungen unter der bedingung ihrer wissenschaftlich-systematischen darstellung(11).

Mit den angeführten restriktionen, die einen einheitlichen handlungsbegriff ermöglichen, ist die inhaltliche bestimmung seiner explikation vorgegeben: sie bezieht sich auf das praktische wissen, über das wir in unserer sprach- und handlungsgesellschaft verfügen und gibt in

---

(10) vgl. ADATO (1976), 189: *"Wenn wir den Handelnden fragen würden (und zwar so, daß die Frage als beabsichtigt und ernsthaft gestellt verstanden werden könnte), wie es dazu kam, daß die Handlung (d. h. der 'Einzelfall') in der Weise, wie es geschehen ist, ausgeführt wurde, würde er wahrscheinlich den Einzelfall mit der Handlung in ihrer 'typischen' oder generischen Bedeutung erklären."*

(11) Zur möglichkeit eines einheitlichen handlungsbegriffs, der nur solche handlungen anerkennt, in denen sich wissenschaftliche methode ausdrückt vgl. auch WIEHL (1976), 63 f.

erster linie eine antwort auf die frage: was gilt uns als handlung (12)?

Eine antwort auf diese frage kann - unter allen notwendigen voraussetzungen - grundsätzlich unter verschiedenen blickwinkeln gegeben werden:

(1) sie kann unter dem blickwinkel einer jeweils handelnden person gegeben werden,

(2) sie kann unter dem blickwinkel eines jeweiligen handlungspartners, der in eine oder mehrere handlung(en) involviert ist, gegeben werden,

(3) sie kann unter dem blickwinkel eines unbeteiligten beobachters gegeben werden.

Die genannten aspektbindungen beziehen sich nicht auf das methodische verfahren der explikationsgewinnung, sondern auf den geltungsbereich der gewonnenen explikation: unter dem blickwinkel einer jeweils handelnden person werden in einer handlungsexplikation bedingungen formuliert, die der handelnde erfüllen muß, damit seine handlung für ihn als solche gilt; unter dem blickwinkel eines jeweiligen handlungspartners werden in einer handlungsexplikation bedingungen formuliert, die ein handelnder aus der sicht des partners erfüllen muß, damit die handlung für diesen als solche gilt; unter dem blickwinkel eines unbeteiligten beobachters werden in einer handlungsexplikation bedingungen formuliert, die ein handelnder sowie sein möglicher partner aus der sicht des beobachters erfüllen muß, damit die handlung für diesen als solche gilt.

Ich werde im folgenden eine handlungsexplikation geben, in der bedingungen formuliert werden, die ein handelnder erfüllen muß, damit seine handlung für ihn als solche gilt. Aus diesen bedingungen lassen sich - wie zu zeigen sein wird - die bedingungen für die beiden anderen möglichen geltungsbereiche leicht ableiten.

Methodischer ausgangspunkt ist - unter dem blickwinkel eines beobachters - eine exemplarische bestandsaufnahme von möglichen problematisierungen möglicher handlungsvorkommen.

Die gewonnenen ergebnisse werden dann als bedingungen formuliert, die einer handelnden person zugeschrieben werden. Sie stellen die menge praktischer urteile dar,

---

(12) Eine ähnliche ansicht vertritt WUNDERLICH (1976), 30: *"Die Analyse des Handlungsbegriffs (was i s t eine Handlung?) ist dabei untrennbar verbunden mit der Analyse des sozialen Wissens über Handlungen (was g i l t als eine Handlung?)."*

die für einen handelnden beim handeln - immer unter der voraussetzung seiner reflexionsmöglichkeit - relevant werden, sie dienen ihm sozusagen als handlungsleitendes konzept. Ich werde deshalb eine handlungsexplikation unter dem blickwinkel eines jeweils handelnden ein HANDLUNGSKONZEPT nennen.

3. EIN FALL MÖGLICHER KOMMUNIKATION ÜBER HANDLUNG(1)

Das mögliche handlungsvorkommen, das anlaß zur kommunikation gibt, sei: A hat Bs kranken hund erschossen. B ist mit As handlung alles andere als einverstanden und verlangt nach einer begründung, indem er fragt:

(i) WARUM HAST DU MEINEN HUND ERSCHOSSEN?

A hat u. a. die folgenden möglichkeiten, auf Bs frage zu antworten:

(1) ICH WILL, DASS IN UNSERER GEGEND KEINE SEUCHENGEFAHR HERRSCHT

(2) KRANKE HUNDE MÜSSEN GETÖTET WERDEN

(3) ICH HALTE ERSCHIESSEN FÜR DAS BESTE MITTEL, UM DAS ARME TIER VON SEINER QUALVOLLEN KRANKHEIT ZU BEFREIEN

(4) ICH FINDE KRANKE TIERE UNERTRÄGLICH

(5) DIE KRANKHEIT DEINES HUNDES WAR SOWIESO UNHEILBAR

usw.

Unter der voraussetzung der aufrichtigkeit und ernsthaftigkeit der zwischen A und B stattfindenden kommunikation hat jede der von A gegebenen antworten die funktion, die infrage stehende handlung zu begründen: A intendiert mit jeder der äußerungen (1) bis (5), B zu verstehen zu geben, daß der jeweils in den äußerungen enthaltene grund für ihn als hinreichend zählt, die handlung auszuführen, und zwar ist jeweils EINE antwort ausreichend als begründung für As handlung. B muß jede der hier alternativ angeführten antworten (1) bis (5) als begründung für As handlung akzeptieren. Dies bedeutet jedoch nicht, daß die infrage stehende handlung mit EINER antwort hinreichend begründet wäre und auch nicht, daß B damit zugleich auch den in der jeweiligen begründung enthaltenen grund für As handlung als solchen akzeptieren muß.

B kann auf As antwort:

(2) KRANKE HUNDE MÜSSEN GETÖTET WERDEN

---

(1) Das folgende ist zum teil identisch mit überlegungen, die ich zum thema: "Handlungen begründen" angestellt habe. Vgl. Harras (1977).

nicht nochmal fragen: *WARUM HAST DU MEINEN HUND ERSCHOSSEN?*, ohne die bereits erhaltene antwort wieder hören zu müssen, etwa:

(2') *ICH HABE DIR DOCH SCHON GESAGT, WARUM - WEIL KRANKE HUNDE GETÖTET WERDEN MÜSSEN-*

Wenn B dennoch eine weitere frage in der verkürzten formulierung warum? stellt, wird diese vom angesprochenen immer auf den inhalt seiner begründung bezogen werden und nicht auf die kommunikative tatsache des begründens selbst, diese ist durch die fragestellung bereits als solche vorausgesetzt. A wird durch eine auf eine begründung mit warum? reagierende frage immer dazu aufgefordert, gründe dafür anzugeben, warum der mit seiner antwort gegebene grund als grund für seine vollzogene handlung zählt; nicht angezweifelt wird vom angesprochenen die tatsache, DASS der angegebene grund für A ein grund gewesen ist, die zur diskussion stehende handlung auszuführen.

Unter der voraussetzung, daß jede der hier angeführten antworten As gleichermaßen als handlungsbegründung gelten kann, muß man auch die jeweils durch sie angegebenen gründe im hinblick auf ihre funktion bei As ausführung der handlung kennzeichnen können. Es geht hier - dies sei ausdrücklich betont - nicht darum, in jedem einzelfall die jeweils spezifischen gründe, die ein handelnder auf befragen vorbringt oder vorbringen kann, diesem für sein handeln als tatsächlich gegeben zu unterstellen; vielmehr soll der kategoriale rahmen, in dem sich mögliche handlungsgründe bewegen können, festgelegt und dadurch aufschlüsse über ein allgemein verfügbares handlungskonzept einer jeweils handelnden person gewonnen werden.

In unserem fall beziehen sich die - hier exemplarisch - angeführten gründe auf:

(1) As ziel, das er durch sein tun (den hund erschießen) erreichen will (= keine seuchengefahr)

(2) eine bestimmte norm für As handeln

(3) eine bestimmte art der ausführung der handlung durch A, die verwendung eines bestimmten mittels

(4) eine bestimmte bewertung eines zustandes durch A

(5) eine bestimmte einschätzung eines zustandes durch A

Bevor die erwähnten kategorialen aspekte - ziel, handlungsnorm, mittel, bewertung und einschätzung von zuständen - in einen (handlungs)logischen zusammenhang gebracht und als solcher für die entwicklung eines allgemeinen handlungskonzepts nutzbar gemacht werden, soll noch auf mögliche reaktionen des problematisierers B und deren implikationen eingegangen werden.

Prinzipiell hat B die folgenden möglichkeiten:

(a) er akzeptiert den von A gegebenen grund und zugleich die gesamte handlung, die A ausgeführt hat

(b) er akzeptiert den von A angegebenen grund, aber die gesamte handlung As nicht

(c) er akzeptiert den von A angegebenen grund nicht und zugleich auch nicht die gesamte handlung As(2)

Zu (a):
B akzeptiert den von A angegebenen grund und zugleich die gesamte handlung. Dies kann er nur dann tun, wenn er darüber hinaus noch eine reihe von urteilen über H, d. h. die handlung, als die As tun gilt, akzeptiert. Akzeptiert B die gesamte handlung aufgrund von:

(1) ICH WILL, DASS IN UNSERER GEGEND KEINE SEUCHENGEFAHR HERRSCHT

dann muß er vernünftigerweise mindestens auch die folgenden urteile akzeptieren(3):

(1.1) A realisiert (1) dadurch, daß er H tut

(1.2) H ist geeignet, (1) zu realisieren

(1.3) A ist imstande, (1) durch H zu realisieren.

Voraussetzung dafür, daß B H mit dem angegebenen grund, As ziel, in der weise (1.1) verknüpfen kann, ist es, daß er A unterstellt, überhaupt etwas für sein ziel

---

(2) Die vierte möglichkeit:
(b') B akzeptiert den von A angegebenen grund nicht, aber die gesamte handlung H von A
ist m.e. widersprüchlich: wenn B den von A für seine handlung als maßgeblich angegebenen grund nicht akzeptiert, dann kann er auch nicht die gesamte handlung H von A als genau die handlung H (als die sie von A ausgeführt wurde) akzeptieren; sein akzeptieren könnte sich dann nur auf eine andere handlung, also auf eine von ihm nicht als handlung H interpretierte handlung von A beziehen. Da sich aber alle drei hier angeführten möglichkeiten ausschließlich auf handlung H von A beziehen, wird (b'), obwohl es eine mögliche kommunikative situation wiedergibt, ausgeklammert.

(3) Ich habe bewußt darauf verzichtet, praktische schlußverfahren zu entwickeln, da es sich hier um deren umkehrungen, also teleologische erklärungen handelt, vgl. dazu VON WRIGHT (1974), bes.93 - 110.

tun zu wollen, d. h. eine auf handeln bezogene absicht As, sein ziel zu realisieren. Es muß für B also auch gelten:

(1.0) A hat die absicht, den inhalt seines wollens durch ein tun zu realisieren

Im fall von begründung

(2) KRANKE HUNDE MÜSSEN GETÖTET WERDEN

muß B außer den unter (1) angegebenen urteilen vernünftigerweise auch noch mindestens die folgenden urteile akzeptieren:

(2.1) A befolgt handlungsnorm (2)

(2.2) es gibt akzeptable gründe, die A veranlassen, handlungsnorm (2) zu befolgen.

Akzeptiert B

(3) ICH HALTE ERSCHIESSEN FÜR DAS BESTE MITTEL, UM DAS ARME TIER VON SEINER QUALVOLLEN KRANKHEIT ZU BEFREIEN

und zugleich die gesamte handlung, so muß für ihn (zusätzlich zu den unter (1) angegebenen urteilen) auch gelten:

(3.1) A realisiert seine absicht (das arme tier... zu befreien), indem er H in einer ganz spezifischen weise ausführt, sich eines ganz bestimmten mittels bedient

und:

(3.2) das mittel, dessen sich A bedient, ist geeignet, das handlungsziel herbeizuführen

(3.3) das mittel, dessen sich A bedient, ist legitim und läßt ihn auf effiziente und ökonomische weise sein ziel erreichen

(mit dem ausdruck "legitim" soll angedeutet werden, daß die verwendung des mittels nicht mehr schaden für den handelnden und alle übrigen möglicherweise betroffenen personen anrichtet als dessen nicht-verwendung oder die verwendung eines anderen mittels, das ebenfalls geeignet wäre, das handlungsziel herbeizuführen.)

Akzeptiert B

(4) ICH FINDE KRANKE TIERE UNERTRÄGLICH

und zugleich die gesamte handlung As, dann gilt für ihn mindestens (über (1.1), (1.2) und (1.3) hinaus) auch:

(4.1) A zieht dem - seiner meinung nach - vor der handlung bestanden habenden zustand Z einen zustand

Z' vor, der jenem ungleich ist

(4.2) A hat akzeptable gründe für (4.1)

(4.3) A will, daß Z' besteht

Das gleiche gilt für den fall, daß B (5) als grund und damit zugleich die gesamte handlung akzeptiert.

Zu (b):
B akzeptiert zwar den angegebenen grund, die gesamte handlung jedoch nicht. Akzeptiert er:

(1) ICH WILL, DASS IN UNSERER GEGEND KEINE SEUCHENGEFAHR HERRSCHT

so kann er sich in einem weiteren diskursiven verlauf weder auf dieses ziel noch auf As absicht, dieses zu realisieren, beziehen, wohl aber auf die art und weise, in der A seine absicht verfolgt. B kann z. b. einwenden:

(6) DAS HÄTTEST DU MIR JA SAGEN KÖNNEN, DANN HÄTTE ICH DEN HUND IN EIN TIERHEIM GEBRACHT

In gleicher weise kann B auf

(2) KRANKE HUNDE MÜSSEN GETÖTET WERDEN

reagieren und sich auf die spezielle verknüpfung von As absicht, sein (von B akzeptiertes ziel) zu realisieren und der art und weise, in der A seine absicht verfolgt, beziehen.

Im fall von

(3) ICH HALTE ERSCHIESSEN FÜR DAS BESTE MITTEL, UM DAS ARME TIER VON SEINER QUALVOLLEN KRANKHEIT ZU BEFREIEN

kann B mit

(7) JA, ABER WARUM WILLST DU DEN HUND DENN UNBEDINGT VON SEINER KRANKHEIT BEFREIEN?

reagieren. Er akzeptiert zwar (3) und damit die bestimmte ausführungsweise der handlung, problematisiert aber die notwendigkeit oder berechtigung für A, die handlung überhaupt ausführen zu wollen.

B kann auf

(4) ICH FINDE KRANKE TIERE UNERTRÄGLICH

ganz ähnlich reagieren wie auf (1) und (2), indem er z. b.

(8) DANN HÄTTEST DU DICH DOCH MIT MEINEM HUND NICHT ABGEBEN BRAUCHEN

äußert und damit die art und weise, in der A seine absicht, einen von ihm negativ bewerteten zustand abzuschaffen, verfolgt, infrage stellt.

Das gleiche gilt für (5), wogegen B sinngemäß (6) einwenden könnte. Für alle genannten beispiele trifft zu, daß B die gesamte handlung deswegen nicht akzeptiert, weil es nach seiner einschätzung keinen sinnvollen zusammenhang zwischen As ziel, bzw. seiner absicht, dieses ziel zu realisieren, und einer bestimmten handlungsausführung durch A gibt.

Zu (c):
B akzeptiert den von A angegebenen grund nicht und zugleich auch nicht die gesamte handlung. B kann in allen beispielfällen (1) bis (5) mit einer weiteren warumfrage reagieren(4). Dadurch verlangt er jeweils nach einer begründung für As ziel (1), für die verbindlichkeit von handlungsnorm (2), für die verwendung des mittels (3), für As situationsbewertung (4) und -einschätzung (5). A kann zwar prinzipiell eine antwort auf solche fragen verweigern, indem er z. b. erwidert:

(9) DAS GEHT DICH GAR NICHTS AN oder:

(10) DAS SAGE ICH DIR NICHT oder:

(11) WIE KOMMST DU ÜBERHAUPT DAZU, MICH SO AUSZUFRAGEN?

Doch präsupponieren alle vorgebrachten verweigerungen (wie auch alle andern möglichen) die grundsätzliche begründbarkeit von (1) bis (5) durch A.

Darüber hinaus kann B in allen fällen den wahrheitsgehalt von As äußerungen anzweifeln - z. b. *DAS STIMMT DOCH GAR NICHT* - oder er kann generell die gültigkeit der gegebenen gründe infrage stellen.

---

(4) die möglichkeit, mit einer warum-frage zu reagieren, trifft darüberhinaus auf alle fälle zu.

4. EIN ALLGEMEINES HANDLUNGSKONZEPT AUS DER PERSPEKTIVE EINER JEWEILS HANDELNDEN PERSON

Zusätzlich zu den bereits aus den möglichen begründungen gewonnenen kategorialen aspekten einer handlung:

(1) handlungsziel

(2) handlungsnorm

(3) handlungsmittel

(4) zustandsbewertung

(5) zustandseinschätzung

haben sich aus dem exemplarisch vorgeführten möglichen diskursverlauf die weiteren ergeben:

(6) die verknüpfung des handlungsziels mit der absicht, dieses ziel zu realisieren, unter der voraussetzung von As erfüllung dafür notwendiger bedingungen.

(7) die verknüpfung des handlungsziels mit seiner legitimation
   (i) unter der voraussetzung bestimmter handlungsnormen, für die der handelnde gültigkeit beansprucht,
   (ii) unter der voraussetzung bestimmter zustandseinschätzungen, die der handelnde für wahr hält,

(8) die verknüpfung des handlungsziels mit dem jeweiligen tun, das als mittel zur erreichung dieses ziels gilt
   (i) unter der voraussetzung seiner effizienz und ökonomie
   (ii) unter der voraussetzung seiner moralischen(und evtl. ästhetischen) legitimation

(9) die voraussetzung der begründbarkeit von zustandseinschätzungen und -bewertungen

Zwar sind durch die betrachtung möglicher problematisierungen einer möglichen handlung eine reihe von anhaltspunkten gewonnen, damit jedoch ist noch kein explizites handlungskonzept entwickelt, in dem die kategorialen aspekte in einer geordneten abfolge enthalten wären. Eine solche ordnung durch eine betrachtung weiterer möglicher problematisierungen (etwa ganzer diskursabläufe) etablieren zu wollen, wäre m. e. unangemessen und darüber hinaus ineffizient und unökonomisch. Ein derartiges vorgehen erforderte eine sehr künstliche versuchsanordnung, die das angestrebte ergebnis - die strukturierung unseres wissens über handlung - bereits voraussetzte und außerdem keine denkbare analogie zum kommunikationsalltag mehr besäße, wie dies bei den ausgangsbeispielen zumindest der möglichkeit nach angestrebt wurde. Deshalb ist es offenbar am zweckmäßigsten, die darstellung des zusammenhangs zwischen den einzelnen kategorialen aspekten anhand dieser entwickeln zu wollen, ohne zusätzlich exemplarisches material heranzuziehen.

Die bereits gewonnenen kategorialen aspekte einer handlung stehen untereinander in einem hierarchischen verhältnis: die verwendung eines bestimmten mittels setzt eine handlungsabsicht voraus, die ihrerseits ein bestimmtes handlungsziel voraussetzt; die bildung eines jeweiligen ziels geschieht - wie unsere untersuchung möglicher problematisierungen ergeben hat - in abhängigkeit zu bestimmten zustandseinschätzungen und -bewertungen, die als ausgangsbasis für eine handlung aus der perspektive eines jeweils handelnden angesehen werden können. Da diese - wie ebenfalls am betrachteten kommunikationszusammenhang deutlich wurde - nicht nur für die bildung des handlungsziels eine rolle spielen, sondern auch für die art und weise der handlungsausführung, für die verwendung bestimmter mittel, sollen sie als die allgemeinsten kategorialen aspekte einer handlung angesetzt werden.

Zustandseinschätzungen lassen sich beschreiben als sätze eines handelnden über bestehende, resp. nicht-bestehende oder möglicherweise bestehende, resp. möglicherweise nicht-bestehende, sachverhalte, die der handelnde für wahr hält(1). Die menge dieser urteile werde ich unter dem ausdruck ZUSTANDSANNAHMEN subsummieren. Diese können im rahmen eines allgemeinen konzepts von handlung keinen restriktionen unterworfen sein: zwar werden bei der bildung eines handlungsziels in bezug auf einen herbeizuführenden zustand immer jeweils nur eine ganz bestimmte menge von urteilen relevant, in kommunikativen zusammenhängen von handlungsproblematisierungen kann jedoch die begründung der jeweils relevanten urteile durch weitere - speziellere oder allgemeinere - urteile notwendig werden.

Für die bildung eines handlungsziels werden außer urteilen über bestehende oder nicht bestehende sachverhalte gleichermaßen bewertungen relevant. Diese lassen sich

---

(1) Der begriff des 'für-wahr-haltens' ist zu unterscheiden von dem logischen begriff der wahr-/falschheitsbewertung. Er bezieht sich nur auf kognitive einstellungen von handelnden personen, unabhängig von der bewertung dieser einstellungen bezüglich wahr oder falsch.

beschreiben als emotive urteile über einstellungen wie wünschen, wollen, dürfen, sollen, müssen usw. und deren negation. Sie werden mit dem ausdruck WÜNSCHBARKEITEN(2) bezeichnet und beziehen sich sowohl auf individuelle - bedürfnisse, wünsche, vorlieben - wie auf gesellschaftlich vermittelte wünschbarkeiten, auf normen, gebote, gesetze u.ä.

Die wünschbarkeiten eines handelnden stehen untereinander in einer hierarchie, die sich aus der intensität ergibt, mit der ein handelnder jeweils eine wünschbarkeit für wünschenswert hält. Diese intensität soll im anschluß an eine übliche ausdrucksweise PRÄFERENZ(3) genannt werden. Eine präferenz bezieht sich also auf eine relation zwischen zwei oder mehr wünschbarkeiten, derart daß: wünschbarkeit$_1$ vor wünschbarkeit$_2$; wünschbarkeit$_2$ vor wünschbarkeit$_3$; wünschbarkeit$_1$ vor wünschbarkeit$_2$ und wünschbarkeit$_3$ usw.(4).

Die einzelnen präferenzen sind auseinander begründbar(5); z. b. kann jemand, der ein kind vorm ertrinken gerettet hat, auf die frage, warum er dies getan hat, antworten:

(i) WEIL ICH NICHT WOLLTE, DASS DAS KIND ERTRINKT

auf eine weitere warum-frage:

(ii) WEIL ICH ES FÜR MEINE PFLICHT HALTE, MENSCHENLEBEN ZU RETTEN, WENN ICH KANN

auf eine weitere warum-frage:

---

(2) Dieser ausdruck ist in der entscheidungslogik üblich, vgl. stellvertretend JEFFREY (1967), 70 u. passim. Er findet sich auch in populärwissenschaftlichen "leitfäden zu optimalem handeln", z. b.: SWOBODA (1974).

(3) JEFFREY (1967), bes. 71 - 73.

(4) Mit der kennzeichnung einer solchen hierarchie soll lediglich eine grundstruktur der wünschbarkeitsanordnung gegeben werden. Es soll damit jedoch nicht die forderung verbunden sein, daß alle wünschbarkeiten in solchen hierarchischen beziehungen stehen müßten und daß es keine gleichstellung von wünschbarkeiten geben könnte, denn dies würde die eliminierung der möglichkeit von konfliktsituationen bedeuten.

(5) Ich spreche hier von der grundsätzlichen anordnung, die als solche bestimmte begründungsvorgänge ermöglicht.

(iii) WEIL MIR MENSCHENLEBEN HEILIG IST

auf eine weitere warum-frage:

(iv) WEIL DAS IN DER BIBEL STEHT

auf eine erwiderung, dies sei kein grund:

(v) DIE BIBEL IST FÜR MICH OBERSTER GRUNDSATZ MEINES HANDELNS

Am ende solcher begründungsabfolgen durch einander zugeordnete präferenzen steht bei konsequenter ausnützung aller kommunikationsfähigkeiten der partner zwangsläufig eine präferenz, die durch keine weitere begründet werden kann, d. h. darüber hinaus ist zu dem entsprechenden thema keine kommunikation mehr möglich.

Zustandsannahmen und präferenzen von wünschbarkeiten werden gleichermaßen bei der bildung eines handlungsziels durch den handelnden relevant, wozu es natürlich nur dann kommen kann, wenn zustandsannahmen und präferenzen, die sich gegenseitig bedingen, im jeweils entscheidenden punkt divergieren, d. h. wenn nach einschätzung des handelnden ein defizit besteht.

Das ziel eines handelnden, ein bestimmter zustand Z', ist notwendige, aber noch lange nicht hinreichende bedingung für das zustandekommen einer handlung: ich kann zwar das ziel haben, unter komfortablen umständen eine reise zum mittelpunkt der erde zu unternehmen, was ich auch mit wünschbarkeitspräferenzen begründen könnte, etwa derart, daß ich wissen will, was die "welt im innersten zusammenhält", ich könnte jedoch dieses ziel nicht in handlung umsetzen, einfach deshalb, weil ich es hier und jetzt vernünftigerweise nicht für REALISIERBAR halten kann. Handlungsziele müssen also vom handelnden für realisierbar gehalten werden, damit es zu einer handlung kommen kann. Wenn ich das ziel habe, auf den mond zu fliegen, so kann ich davon ausgehen, daß dieses ziel hier und jetzt grundsätzlich realisierbar ist, ich wäre aber gezwungen, von seiner realisierung abzusehen, da ich vernünftigerweise davon ausgehen müßte, daß ich, der möglicherweise handelnde, nicht IMSTANDE wäre, dieses ziel zu realisieren. Man kann nun aber auch durchaus ein ziel haben, von dem man annimmt, daß es grundsätzlich realisierbar ist sowie daß man imstande ist, es zu realisieren, ohne daß man etwas tut, weil dies zu umständlich oder zu gefährlich wäre, d. h. weil man dieses ziel nicht eigentlich realisieren WILL(6).

---

(6) Die unterscheidung von ziel und handlungsabsicht wird unter der bedingung des zustandekommens einer

Für die konstitution einer handlung ist es also notwendig, daß der handelnde die absicht hat, sein ziel zu realisieren. Diese setzt (handlungs)logisch voraus, daß der handelnde davon ausgeht, daß sein ziel grundsätzlich realisierbar ist sowie daß er imstande ist, dieses ziel zu realisieren: "Ich kann nur solche Dinge zu tun beabsichtigen - und daher auch 'wollen' *in dem Sinne* von 'beabsichtigen' - von denen ich glaube, daß ich sie tun kann, zu denen ich mich imstande fühle"(7). Darüber hinaus ist mit der absicht auch vorausgesetzt, daß der handelnde von der NOTWENDIGKEIT seines tuns ausgeht, d. h. daß er nicht annimmt, daß sein ziel ohne sein zutun, etwa durch handlungen anderer oder durch naturereignisse, herbeigeführt wird.

Die zur absicht notwendigen bedingungen können wir als zusammenhang folgendermaßen formulieren:

(1) (der handelnde) A geht davon aus, daß (ein bestimmter zustand) Z (besteht)

(2) A zieht (einen bestimmten, nicht bestehenden zustand) Z' (dem bestehenden zustand) Z vor

(3) A will, daß Z' besteht

(4) A geht davon aus, daß er imstande ist, Z' zu realisieren

(5) A will Z' realisieren.

Mit der formulierung *geht davon aus, daß* soll vermieden werden, daß man als beschreiber die zustandsannahmen bezüglich ihres wahrheitsgehalts (im sinn ihres für-wahrgehalten-werdens durch den handelnden) beurteilt, eine gefahr, die sich bei der verwendung sonst üblicher ausdrucksweisen wie *weiß, glaubt, nimmt an, kann ehrlich von sich behaupten: ich weiß, daß...*(8) usw. leicht einstellt.

---

handlung vorgenommen. Sie bezeichnet zwei unterschiedliche aspekte der intentionalen ausgangsbasis einer handlung: einmal - mit dem ziel - den aspekt des intendierten veränderten zustands, zum andern - mit der absicht - den aspekt der intendierten zustandsveränderung als beteiligter aktivität.

(7) VON WRIGHT (1974), 98.

(8) Aus dem gleichen grund, sich als beschreibender nicht zum *prinzipiellen besserwisser aufzuschwingen* wählt KELLER (1976), 6, die formulierung: *M kann ehrlich von sich behaupten: Ich weiß, daß K,* die m.e. immer noch ein moment der beurteilung durch den formulierer enthält, der sich auf voraussetzungen beruft, die M erfüllen muß, um ehrlich behaupten zu können.

Bedingungen (1) bis (5) sind ihrerseits problematisierbar; entweder durch eine pauschale warum-frage oder durch spezielle fragen, etwa:

(vi) WARUM HÄLTST DU DAS, WAS DU GETAN HAST, EIGENTLICH FÜR NOTWENDIG? oder:

(vii) WARUM HÄLTST DU DICH EIGENTLICH FÜR DIE GEEIGNETE PERSON, SOWAS ZU REALISIEREN? DU SOLLTEST DAS BESSER KOMPETENTEREN LEUTEN ÜBERLASSEN!

In solchen fällen muß der handelnde in der lage sein, zu begründen, warum er seine handlung für notwendig hält und warum er sich imstande glaubt, sein ziel zu realisieren. Wenn das handlungskonzept und seine bedingungen unter dem gesichtspunkt möglicher kommunikation über handlungen konstituiert werden soll, muß man auch konsequenterweise begründungen zweiter und höherer stufe berücksichtigen, also (1) begründungen für begründungen, (2) begründungen für (1) usw. Dies soll dadurch geschehen, daß ich jeweils in die formulierung der zustandseinschätzungen des handelnden "mit grund" einfüge, also: A geht "mit grund" davon aus, daß... Damit wird ausgedrückt, daß der handelnde in der lage ist, die beim handeln relevanten urteile im problematisierungsfall durch weitere von ihm für wahr gehaltenen sätze zu begründen.

Im gegensatz zu den zustandseinschätzungen können zustandsbewertungen in vielen fällen nicht mit sätzen begründet werden, die der handelnde in der gleichen weise für "wahr" hält, sondern häufig wiederum nur mit urteilen, die emotive einstellungen des handelnden ausdrücken. Begründungen von präferenzen können sich auf weitere, u. u. übergeordnete präferenzen wie moralische maximen, gebote oder gesetze, beziehen. Um diesem umstand rechnung zu tragen, will ich in die formulierung der präferenz "mit guten gründen" einfügen, also: A zieht Z' "mit guten gründen" Z vor. Die unterscheidung zwischen den beiden formulierungen "mit grund" und "mit guten gründen" verweist auf zwei unterschiedliche kommunikative handlungstypen, die in den jeweiligen problematisierungsfällen möglich sind (aber nicht auch unbedingt immer realisiert werden müssen); im fall des ausgehens von zustandsannahmen "mit grund" ist die letztmögliche begründung/rechtfertigung für die ausgeführte handlung i m m e r eine sprechhandlung des typs "behaupten", im fall wahrgenommener präferenzen "mit guten gründen" ist die letztmögliche begründung/rechtfertigung n e b e n dem "behaupten" häufig eine sprechhandlung des typs "sich zu etwas bekennen".

Die bedingungen (1) bis (5) lauten dann in ihrer neuformulierung:

(1) A geht "mit grund" davon aus, daß Z

(2) A zieht Z' "mit guten gründen" Z vor

(3) A will Z'

(4) A geht "mit grund" davon aus, daß er imstande ist, Z' zu realisieren

(5) A will Z' realisieren

Die absicht eines handelnden, einen bestimmten zustand Z' zu realisieren, ist als notwendige bedingung noch lange nicht hinreichend für das zustandekommen einer handlung: Wenn der handelnde nicht weiß, WIE er diese absicht realisieren kann, WAS ER TUN SOLL, wird er sein ziel verändern oder sogar aufgeben müssen. Es ist also notwendig, daß der handelnde "mit grund" davon ausgeht, daß es einen WEG gibt, der zu seinem ziel führt, "(...) daß er auch zu wissen glaubt, wie er die für dieses Ziel seiner Meinung nach notwendigen Handlungen und wie er wenigstens eine dafür seiner Meinung nach hinreichende Handlung vollziehen kann"(9).

Im allgemeinen bieten sich einem handelnden auf seinem weg zur zielrealisierung mehrer alternativen notwendiger und hinreichender handlungen bzw. handlungstypen, zwischen denen er eine auswahl treffen muß, die auf der grundlage von zustandsannahmen und präferenzen erfolgt. Die bedingungen für die auswahl sind analog zu denen für As absicht, Z' zu realisieren; im einzelnen:

(6) A geht "mit grund" davon aus, daß es eine bestimmte menge von alternativen notwendiger und hinreichender handlungen zur realisierung von Z' gibt
(der ausdruck "handlung" wird hier verwendet als bezeichnung für bestimmte tätigkeiten, die für den handelnden als handlung gelten)

(7) A zieht eine handlung des typs H "mit guten gründen" allen anderen übrigen alternativen vor(10)

---

(9) VON WRIGHT (1974), 98 - 99.

(10) Die angabe von "guten gründen" für die auswahl der handlung kann sich in bestimmten begründungs-/rechtfertigungssituationen auf solche äußerungen wie z. b.:

(i) ICH HATTE IN DEM AUGENBLICK GAR KEINE ANDERE WAHL; DESHALB HABE ICH SO GEHANDELT

(ii) WENN ICH ÜBERHAUPT ETWAS TUN WOLLTE, MUßTE ICH DIES UND NICHTS ANDERES TUN

usw.
beschränken. Mir scheint jedoch die formulierung "mit guten gründen" durch die tatsache gerechtfertigt,

(8) A geht "mit grund" davon aus, daß er imstande ist, H zu realisieren

Gelten diese bedingungen, dann gilt auch:

(9) A will H tun

Diese absicht, die handlung eines ganz bestimmten typs auszuführen, ist aus As primärer absicht, sein ziel zu realisieren, abgeleitet, m. a. w.: wenn jemand ein bestimmtes ziel hat, das er realisieren will, dann muß er immer eine handlung eines bestimmten typs ausführen wollen.

Kann A diese absicht vernünftigerweise nicht haben, weil er nicht "mit grund" davon ausgeht, daß er imstande ist, H auszuführen, so muß dies nicht unbedingt zur konsequenz haben, daß man ihm sein primäres ziel gänzlich abzusprechen hat. Man muß mit der möglichkeit rechnen, daß A - unter beibehaltung seines ausgangsziels Z' - zunächst beabsichtigt, die ausführung von H zu lernen, um dann Z' auch tatsächlich realisieren wollen zu können(11). Mit einer solchen beschreibung bezieht man sich allerdings auf zwei oder mehr handlungen, mit denen unterschiedliche ziele verfolgt werden, die in einer hierarchischen beziehung zueinander stehen: zu wissen, wie man H ausführt, ist das ziel der zunächst ausgeführten handlung(en), das seinerseits im dienst des ursprünglichen ziels steht. Diese und ähnliche beschreibungen komplexer handlungszusammenhänge reichen jedoch weit über den rahmen des konzepts einer einzelnen handlung hinaus. Auf sie werde ich weiter unten noch sehr ausführlich eingehen.

---

daß mit äußerungen des angeführten typs die problematisierungs-/rechtfertigungskette nicht unbedingt abgeschlossen sein muß wie bei bestimmten behauptungsäußerungen, die begründete zustandsannahmen thematisieren. Der handelnde kann trotz seiner äußerungen von (i) oder (ii) oder gerade aufgrund von ihnen weiter dazu aufgefordert werden, das ausführen seiner handlung vor deren unterlassung zu rechtfertigen, wodurch bekenntnisäußerungen notwendig werden können.

(11) vgl. VON WRIGHT (1974), 97. Von Wright macht an dieser möglichkeit klar, daß es nötig ist, zur beschreibung einer handlung anzunehmen, *"daß der Handelnde glaubt, daß er die Dinge tun kann, die für die Erfüllung seiner Intentionen erforderlich sind"*.

Eine handlung H kann im allgemeinen auf unterschiedliche art und weise ausgeführt werden, d. h. dem handelnden stehen mehrere mittel zur verfügung, zwischen denen er wählen muß, wobei unter "mittel" nicht unbedingt materielle werkzeuge verstanden werden dürfen. Die auswahl erfolgt auf der grundlage von EFFIZIENZ und ÖKONOMIE: der handelnde geht "mit grund" davon aus, daß das von ihm gewählte mittel dasjenige ist, das ihn am effizientesten und ökonomischsten sein ziel erreichen läßt. Und er trifft seine auswahl unter dem gesichtspunkt moralischer vertretbarkeit im hinblick auf mögliche konsequenzen der verwendung gerade dieses von ihm ausgewählten mittels. Der handelnde muß "gute gründe" für seine auswahl haben(12)

Die wahl eines handlungsmittels unter dem gesichtspunkt von ökonomie und effizienz ist nicht unbedingt hinreichend für das zustandekommen einer handlung: wenn ich einen nagel in die wand schlagen will und dazu ein mittel hammer gewählt habe, muß ich, um mein ziel: nagel in der wand realisieren zu können, wissen, wie, in welcher weise ich von dem mittel hammer gebrauch machen kann. Dieses wissen, wie man ein mittel verwendet, impliziert, daß man mit dem mittel auch tatsächlich umgehen kann, daß man über mögliche gebrauchsweisen verfügt; es reicht nicht aus, daß man nur weiß, wie man im allgemeinen etwas verwendet, wie man eine handlung im einzelnen ausführt, sondern man muß davon ausgehen, daß man als handelnder diesen oder jenen gebrauch von einem bestimmten mittel zu machen imstande ist.

Von ein und demselben mittel kann man im allgemeinen in verschiedener weise gebrauch machen. Der handelnde muß auswählen innerhalb einer menge von gebrauchsmöglichkeiten des mittels, das er verwenden will. Zwischen wievielen möglichkeiten er entscheiden muß, ist abhängig von seinen jeweiligen fähigkeiten - es kann sein, daß der handelnde nur über eine gebrauchsmöglichkeit seines gewählten mittels verfügt. Seine entscheidung für einen ganz bestimmten gebrauch ist ebenso problematisierbar wie die auswahl seines mittels: der handelnde muß in der lage sein, zu begründen, wieso er gerade diesen und keinen anderen gebrauch von seinem mittel gemacht hat; dafür können präferenzen verwendet werden müssen, d. h. der handelnde muß "gute gründe" für die wahl seines mittelgebrauchs haben, die im übrigen noch den kriterien von effizienz und ökonomie unterliegt. Diese kriterien beziehen sich

---

(12) Auch für die begründung dieser auswahl gilt das in anmerkung (10) gesagte, ebenso wie für die auswahl eines bestimmten mittelgebrauchs.

natürlich nur auf die menge derjenigen gebrauchsmöglichkeiten, über die ein handelnder jeweils verfügt.

Die letzte bedingung für das zustandekommen einer handlung ist, daß der handelnde auch tatsächlich gebrauch von dem gewählten mittel macht, daß er tätigkeiten - physischer oder speziell verbaler art - äußert, die für andere personen wahrnehmbar sind.

Mit der bedingung der wahrnehmbarkeit eines tuns wird eine klärung des begriffs "unterlassung einer handlung" notwendig. Von Wright definiert die unterlassung einer handlung als handlung folgendermaßen: "An agent, on a given occasion, forbears the doing of a certain thing if, and only if, he can do this thing, but does in fact not do it"(13). Ein solcher begriff von handlungsunterlassung mit der eigenschaft einer handlung kann auf zwei unterschiedliche vorkommensweisen bezogen werden:

(1) Es kommt bei der person, A, nicht zu einem wahrnehmbaren tun, weil sie die unterlassung der ausführung des tuns vorgezogen hat trotz der begründeten annahme, daß ihre handlung realisierbar (im sinn von möglich und machbar)ist. In diesem fall wäre es kaum adäquat, das nicht-ausführen einer handlung als unterlassung im sinn von handlung anzuerkennen, obwohl A durchaus bewußt auf die handlungsführung verzichtet haben kann. Als eine solche bewußte unterlassung ist sie jedoch nur dem nichthandelnden A bekannt. Diesen fall als handlung charakterisieren zu wollen, würde bedeuten, daß man einigen geistigen entscheidungsoperationen den status von handlung zuschreiben müßte - dies wiederum hätte zur folge, daß wir allen menschen, denen wir begegnen, grundsätzlich unterstellen könnten, daß sie gerade irgendwelche beliebigen handlungen unterließen, also handelten - damit wäre aber der begriff handlung ad absurdum geführt.

(2) Es kommt aus dem gleichen grund wie auch im ersten fall nicht zur ausführung der handlung: die person A hat sich bewußt und mit grund dagegen entschieden; A weiß aber auch, daß die ausführung der handlung, die sie unterläßt, von anderen personen ERWARTET wird - sie ist z. b. darum gebeten worden, sie hat ein versprechen gegeben usw.

Nur im zweiten unterlassungsfall, der eine bestimmte VORKOMMUNIKATION zur notwendigen bedingung hat, ist es m. e. gerechtfertigt, von unterlassung im sinn von handlung zu sprechen, da das nicht-ausführen der handlung durch andere personen festgestellt werden kann - freilich nur von denjenigen, die die betreffende handlung

---

(13) VON WRIGHT (1963), 45.

von der infrage stehenden person in irgendeiner weise erwarten(14).

Abschließend sind alle für das zustandekommen einer handlung notwendigen und hinreichenden bedingungen nochmal in ihrem zusammenhang aufgeführt:

	(1)	A geht mit grund davon aus, daß Z
	(2)	A zieht Z' mit guten gründen Z vor
ZIEL	(3)	A will Z'
	(4)	A geht mit grund davon aus, daß Z' nur dann bestehen wird, wenn er etwas dazu tut
	(5)	A geht mit grund davon aus, daß er imstande ist, Z' zu realisieren
ABSICHT$_1$	(6)	A will Z' realisieren
WEG	(7)	A geht mit grund davon aus, daß es eine bestimmte menge von alternativen notwendiger und hinreichender handlungen zur realisierung von Z' gibt
HANDLUNG H	(8)	A zieht eine handlung des typs H allen anderen übrigen alternativen vor
	(9)	A geht mit grund davon aus, daß er imstande ist, H zu realisieren
ABSICHT$_2$	(10)	A will H tun
MITTEL	(11)	A geht mit grund davon aus, daß es eine bestimmte menge alternativer mittel zur ausführung von H gibt
MITTEL M	(12)	A zieht mit guten gründen das mittel M allen übrigen anderen alternativen mitteln vor

---

(14) Ähnlich kennzeichnet WUNDERLICH (1976), 39 handlungsunterlassungen als handlungen: *"Ich unterlasse eine Handlung genau dann, wenn ich diese Handlung nicht ausführe, aber wenn es in dem betreffenden Situationszusammenhang angemessen gewesen wäre, daß ich sie getan hätte. Dabei wird der Situationszusammenhang z. B. durch ein vorhergehendes Versprechen oder durch eine generelle Gesetzesnorm, der ich unterliege, gebildet oder auch nur durch eine allgemeine, gesellschaftlich etablierte Erwartung aufgrund vorhergegangener Handlungen, Aktivitäten oder Umstände."*
Vgl. dazu auch HERINGER (1974), 65, der unterlassungen von handlungen durch bestehende konventionen, deren erfüllung erwartet wird, definiert.

(13) A geht mit grund davon aus, daß M das effizienteste und ökonomischste mittel zur ausführung von H ist

GEBRAUCH VON M

(14) A geht mit grund davon aus, daß er über eine bestimmte menge von alternativen gebrauchsmöglichkeiten von M verfügt

GEBRAUCH G VON M

(15) A zieht mit guten gründen die gebrauchsmöglichkeit G allen übrigen anderen alternativen gebrauchsmöglichkeiten vor

(16) A geht mit grund davon aus, daß G die effizienteste und ökonomischste gebrauchsmöglichkeit von M ist

TUN

(17) A macht den gebrauch G von M

Mit dem folgenden schema werden die einzelnen bedingungen im zusammenhang des handlungsprozesses eines agenten verdeutlicht (s. nächste seite):

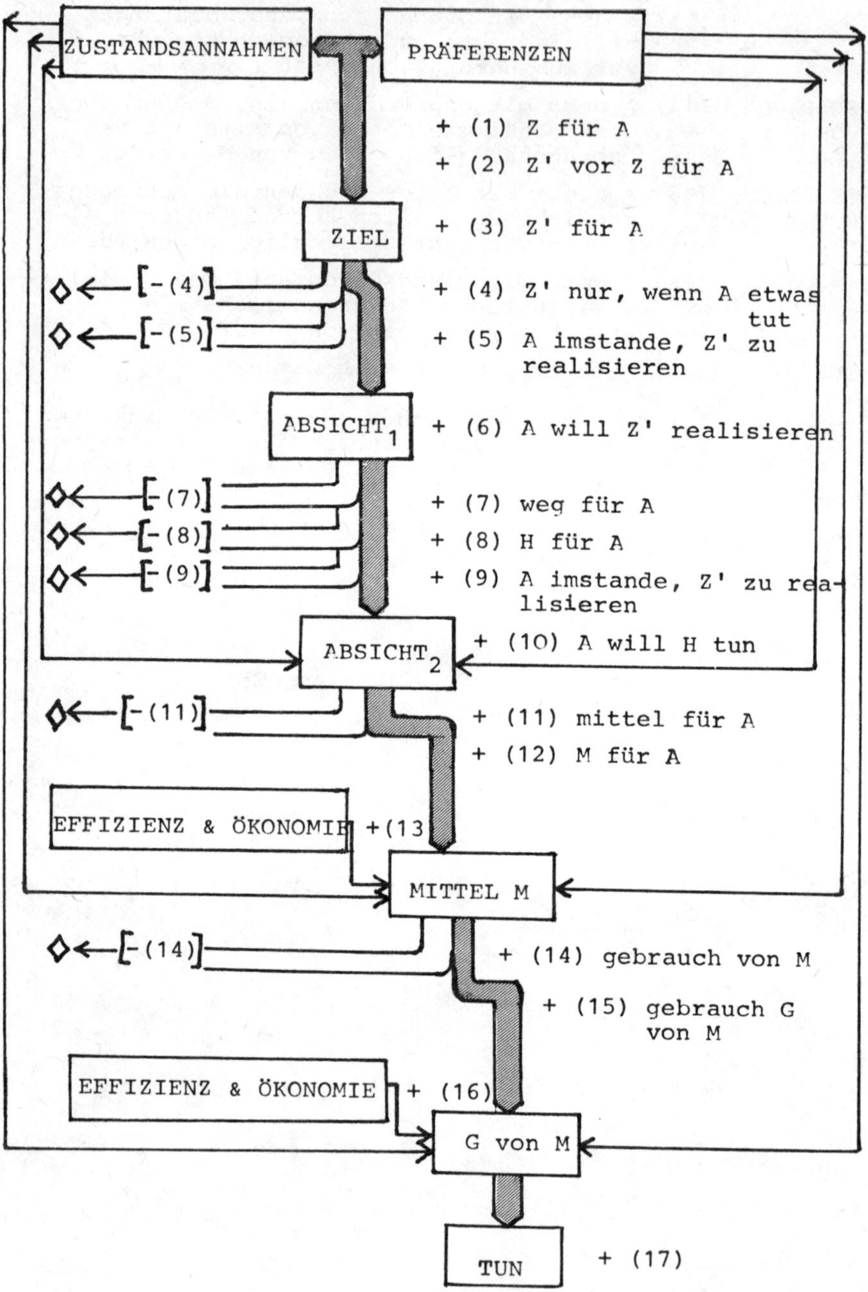
ZUSTANDSANNAHMEN
PRÄFERENZEN
+ (1) Z für A
+ (2) Z' vor Z für A
ZIEL
+ (3) Z' für A
[-(4)]
[-(5)]
+ (4) Z' nur, wenn A etwas tut
+ (5) A imstande, Z' zu realisieren
ABSICHT$_1$
+ (6) A will Z' realisieren
[-(7)]
[-(8)]
[-(9)]
+ (7) weg für A
+ (8) H für A
+ (9) A imstande, Z' zu realisieren
ABSICHT$_2$
+ (10) A will H tun
[-(11)]
+ (11) mittel für A
+ (12) M für A
EFFIZIENZ & ÖKONOMIE
+(13)
MITTEL M
[-(14)]
+ (14) gebrauch von M
+ (15) gebrauch G von M
EFFIZIENZ & ÖKONOMIE
+ (16)
G von M
TUN
+ (17)

<u>Zeichenerklärung:</u>

+ ( ) =: A erfüllt die bedingung (1)

- ( ) =: A erfüllt die bedingung (1) nicht

◇ =: A scheidet aus dem handlungsvollzug aus

Die dicke, graue pfeillinie verdeutlicht den ablauf einer vollständigen handlung

5. HANDLUNGSEINHEIT UND HANDLUNGSKOMPLEXITÄT

Mit dem festgelegten kategorialen rahmen eines allgemeinen handlungskonzepts ist zugleich eine hierarchische ordnung der einzelnen stadien gegeben. Diese will ich - der besseren übersicht willen - im folgenden nochmal schematisch verdeutlichen:

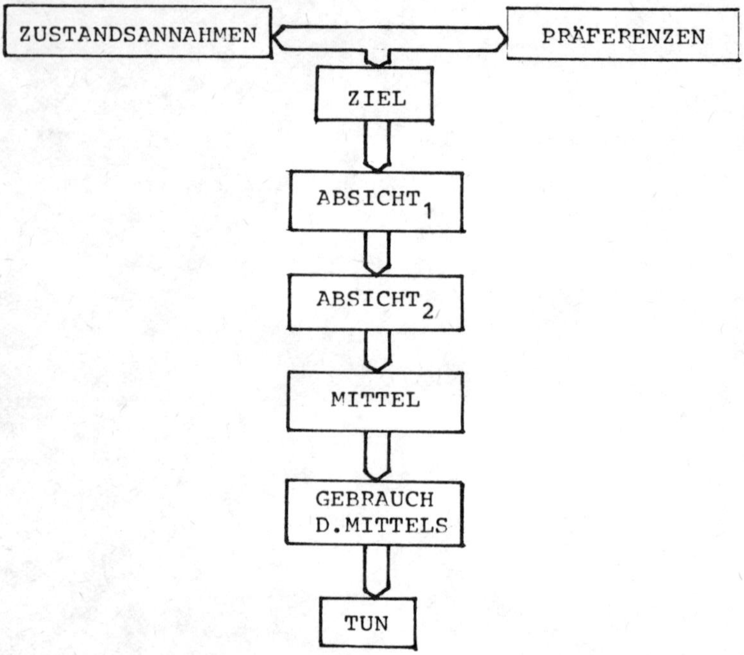

Alle dem handlungsziel untergeordneten stadien stehen zu diesem jeweils im verhältnis eines mittels; alle dem tun übergeordneten stadien stehen zu diesem jeweils im verhältnis eines (teil)ziels. Die einzelnen stadien zwischen den jeweiligen endpunkten ziel und tun stehen ihrerseits untereinander in einer ziel-mittel- oder mittel-(teil)ziel-relation, je nach ausgangspunkt der zuordnung: das tun steht im dienst des gebrauchs eines bestimmten mittels (es geschieht um dieses gebrauchs willen; insofern kommt ihm mittelcharakter zu), der gebrauch eines mittels steht im dienst seiner verwendung (geschieht um der verwendung willen), diese steht im dienst (geschieht um ... willen) der absicht, eine bestimmte handlung auszuführen, diese steht im dienst (besteht um ... willen) der absicht, ein bestimmtes ziel zu realisieren, diese steht im dienst (besteht um ... willen) dieses ziels. Die kennzeichnung eines stadiums als (teil)ziel oder mittel ist abhängig von der perspektive in richtung handlungsziel oder in richtung tun. Tun und ziel sind jeweils in einer richtung zu kennzeichnen.

Für einzelne vorkommen von handlungen können umgangssprachlich alternative beschreibungen gelten, die sich auf unterschiedliche stadien einer handlung beziehen, die aber nicht notwendig einander gleichwertig sein müssen. "Was geschieht eigentlich, wenn ich einen Vertrag unterzeichne? Führe ich eine Feder in bestimmter Weise an einer bestimmten Stelle über ein besonderes Blatt Papier? Oder unterschreibe ich ein Dokument? Oder vollziehe ich einen Kaufvertrag (1)."

Die hier infrage gestellte handlung kann umgangssprachlich alternativ beschrieben werden als:

(i) A SETZT SEINEN NAMEN AUF EIN BLATT PAPIER

(ii) A UNTERSCHREIBT EINEN VERTRAG

(iii) A SCHLIEßT EINEN KAUFVERTRAG AB

(iv) A LEGT SEIN GELD DURCH EINEN KAUFVERTRAG GEWINNBRINGEND AN

(i) bezieht sich auf eine bestimmte ausführungsweise einer handlung, den gebrauch eines mittels, womit die handlung allerdings nur sehr ungenau charakterisiert ist: man kann seinen namen auf ein blatt papier setzen, wenn man einen neuen kugelschreiber ausprobiert, wenn man seine adresse notiert, wenn man einen Brief unterschreibt, usw. Mit der äußerung von (i) müßte ein sprecher, der diese zur kennzeichnung der handlung von A verwenden will, voraussetzen, daß sein adressat bereits weiß, welche handlung A ausführt; die äußerung wäre dann in ihrer funktion als handlungsbeschreibung(2) überflüs-

---

(1) BUBNER (1976), 98.

(2) Das hier gesagte bezieht sich nur auf eine situation, in der die äußerung ausschließlich die funktion haben soll, information darüber zu liefern, welche handlung jemand ausführt oder ausgeführt hat, nicht jedoch auf situationen, in denen die äußerung funktionen wie tadel, aufforderung, mißfallenskundgebung u. dgl.haben kann.

sig. Kennzeichnungen eines bestimmten mittelgebrauchs sind hinsichtlich der funktion, information zu liefern, was für eine handlung jemand ausführt oder ausgeführt hat - z. b. als antwort auf die frage: was tut A? - kommunikationsuntauglich. Eine ausnahme stellt im kommunikativen handlungsbereich die kennzeichnung des explizit performativen gebrauchs dar.

(ii) bezieht sich auf das mittel, das A verwendet. Wozu dieses mittel verwendet wird, läßt sich leicht erschließen: wir wissen, daß das unterschreiben eines vertrages ein mittel ist, einen vertrag zu schließen. Zwischen mittel und dem ziel, zu dem es verwendet wird, besteht eine folgebeziehung, in diesem fall eine konventionale: der abschluß eines vertrages ist die aufgrund bestimmter bestehender konventionen erwartbare unmittelbare folge der unterschrift. Äußerung (ii) ist als handlungskennzeichnung eindeutig, weil sie einen zwingenden schluß auf das handlungsziel zuläßt.

(iii) bezieht sich auf die handlung eines bestimmten typs. Sie läßt zwar einen schluß auf das handlungsziel zu, nicht jedoch auf die verwendung eines bestimmten mittels: z. b. kann A den vertrag auch durch handschlag abschliessen. (iii) ist also eine weniger eindeutige handlungskennzeichnung als (ii).

(iv) bezieht sich auf die handlung eines bestimmten typs - sein geld gewinnbringend anlegen -, im rahmen derer eine andere handlung - abschluß eines kaufvertrages - ausgeführt wird. In dieser beschreibung ist die durch (ii) eindeutig gekennzeichnete handlung als mittel zu einem weiterreichenden ziel - geldgewinn - charakterisiert. (iv) ist in zwei hinsichten unbestimmt:

- einmal kann aus ihr die verwendung keines bestimmten mittels erschlossen werden - es gilt das zu (iii) gesagte -,
- zum andern läßt (iv) die möglichkeit offen, daß A das mittel vertragsabschluß als eines unter vielen zur erreichung seines ziels geldgewinn verwendet, verwendet hat oder verwenden wird.

Der hinweis auf umgangssprachliche beschreibungsmöglichkeiten von handlungen hat gezeigt, daß die einzelnen alternativen unterschiedlich semantisch bestimmt bzw. vage sind. Im strengen sinn eindeutig ist nur die beschreibung, die einen zwingenden schluß von verwendetem mittel auf das angestrebte handlungsziel zuläßt. Eindeutigkeit einer beschreibung impliziert auch immer, daß EINE bestimmte handlung durch sie identifiziert ist.

Die bedingungen, unter denen umgangssprachlich eine beschreibung von handlungen als eindeutige kennzeichnung und als identifizierung einer handlungseinheit gilt, können auch für eine theoretische bestimmung orientierend sein, und zwar speziell für die abgrenzung einer handlung nach unten - zum tun - und nach oben - zum handlungsziel -.

Es wäre m. e. absurd, ein bestimmtes tun, die gesamtheit aller ausgeführten aktivitäten, seinerseits als ziel beschreiben zu wollen, um dessen willen jede einzelne aktivität ausgeführt würde. Schwieriger wird es allerdings bei der kennzeichnung des jeweiligen ziels. Jedes ziel eines handelnden kann prinzipiell einem weiteren ziel unterstellt sein (und auch als solches beschrieben werden): man kann einen vertrag unterschreiben, um ihn zu schließen, man kann einen vertrag schließen, um sein geld gewinnbringend anzulegen, man kann sein geld gewinnbringend anlegen, um sein vermögen zu vergrößern, man kann sein vermögen vergrößern, um später ein eigenes haus zu haben und so weiter.

In einem allgemeinen handlungskonzept muß die möglichkeit einer hierarchie von mehreren zielen berücksichtigt werden, da eine solche ordnung offenbar eine bedingung für handeln überhaupt darstellt. Im rahmen seiner auseinandersetzung mit dem begriff der "Basishandlung"betont dies Bubner:
"Die Zweckhierarchie, die Oberzwecke von Unterzwecken unterscheidet und Unterzwecke unter Oberzwecke bis hin zu letzten Zwecken subsumiert, bringt ein Ordnungsverhältnis in eine Vielfalt praktischer Zielsetzungen, die ohne solche Hierarchie in Konkurrenz lägen. Ein ordnungsloses Zielchaos würde schlimmstenfalls mit der Verhinderung jedes sinnvollen Tuns enden(3)."

Bedingungen dafür, wann ein ziel als abschluß einer hierarchie zu gelten hat, dürften sich kaum - und ohne rekurs auf beispiele möglicher handlungsvorkommen schon gar nicht - präzisieren lassen. Dennoch will ich versuchen, zwei abgrenzungskriterien zumindest andeutungsweise zu formulieren, ohne explizite bedingungen aufstellen zu können.

(1) Um von EINER einzelnen handlungseinheit sprechen zu können, muß man sich bei der beschreibung auf eine eindeutige zuordnung des ziels zu seiner realsierungsabsicht und von dieser zu EINER handlungsabsicht und von dieser zur verwendung EINES bestimmten mittels beziehen. Zwischen ziel-absicht-mittel muß also jeweils eine eins-zu-eins-relation bestehen.

Mit einer solchen bedingung soll verhindert werden, daß

---

(3) BUBNER (1976), 98/99.

eine beschreibung, die unter ein ziel mehrere aktivitäten im sinn von je einzelnen handlungen - als welche die aktivitäten beurteilt werden können - subsumiert, als beschreibung einer einzelnen handlungseinheit gelten kann. Diese forderung ist allerdings problematisch und muß näher präzisiert werden.

Grundsätzlich gibt es zwei arten von beziehungen, die zwischen dem angestrebten ausgangsziel eines handelnden und dem, worauf sich seine handlungsabsicht richtet, bestehen:

(a) eine nicht-konventionale beziehung
Wenn man z. b. als handlungsziel ansetzt, daß der handelnde wärmere luft im zimmer haben will und als handlungsabsicht einen ofen zum brennen zu bringen, dann besteht zwischen der realisierten absicht, dem brennenden ofen und dem ziel, wärmere luft im zimmer, ein kausaler zusammenhang. Um diesen herstellen zu können, muß der handelnde eine reihe von aktivitäten notwendigerweise ausführen.

(b) eine konventionale beziehung
Wenn man - um das zitierte beispiel nochmals anzuführen - als handlungsziel ansetzt, daß der handelnde den abschluß eines vertrages will und als handlungsabsicht, durch die leistung einer unterschrift diesen vertrag zu schließen, dann besteht zwischen der absichtsrealisierung, der geleisteten unterschrift und dem ziel, vertragsabschluß, ein konventionaler zusammenhang.

Die beiden arten von beziehungen lassen sich auf unterschiedliche wissensvoraussetzungen zurückführen, von denen der handelnde jeweils ausgehen muß:

(a) im fall nicht-konventionaler beziehungen gilt:
  (ai) der handelnde geht davon aus, daß immer wenn p, dann auch q,

(b) im fall konventionaler beziehungen gilt:
  (bi) der handelnde geht davon aus, daß jeder andere innerhalb seiner gesellschaft handelnde davon ausgeht, daß immer wenn p, dann auch q.
  Diese stark vereinfachte formulierung besagt, daß konventionale beziehungen zwischen einer realisierten handlungsabsicht und dem damit verfolgten ziel nur konstituiert werden können aufgrund von annahmen, die der handelnde von annahmen aller anderen mitglieder einer sprach- und handlungsgesellschaft bezüglich der verknüpfung zweier zustände macht.

In beiden fällen muß der handelnde eine reihe von tätigkeiten ausführen. Für die kennzeichnung einer einzelnen handlungseinheit kommen davon immer nur jeweils diejenigen in betracht, die notwendig und hinreichend zugleich sind, um eine handlungsabsicht zu realisieren, nicht jedoch tätigkeiten, die darüber hinaus ausgeführt werden oder ausgeführt werden könnten. Zum beispiel sind für die kennzeichnung einer handlung als "starten eines autos" nur diejenigen tätigkeiten relevant, die notwendigerweise ausgeführt werden müssen (4) - z. b. plazierung des fahrers vors steuer, einstecken des zündschlüssels, bedienung von kupplung und gaspedal usw. - nicht jedoch tätigkeiten, die zusätzlich ausgeführt werden, wie reinigung der windschutzscheibe, aufräumen des handschuhfachs u. dgl. Diese fallen unter die kennzeichnung einer anderen handlung, die man u. u. mit "voraussetzungen schaffen zum starten des autos" umschreiben könnte.

Weiter gilt, daß die zusammenfassung der für eine einzelne handlungseinheit relevanten tätigkeiten zunächst im hinblick auf den inhalt der handlungsabsicht zu erfolgen hat. Mit dieser bedingung soll verhindert werden, daß unter EINER handlung etwas verstanden wird, dessen äußerer aspekt mehr als eine tätigkeitseinheit - in bezug auf damit verbundene mögliche handlungsabsichten - umfaßt. Wenn ich z. b. den raum lüften will, kann ich zu diesem zweck entweder die tür ODER das fenster öffnen; aber nicht beides zugleich; nachdem ich das fenster (resp. tür) geöffnet habe, kann ich dann noch die tür (resp. fenster)öffnen. Nehmen wir an, der handelnde hätte beides getan, dann hat er sowohl die tür als auch das fenster mit dem ziel: frische luft im zimmer geöffnet; er hat damit zwei verschiedene handlungen ausgeführt, die zwar strukturelle ähnlichkeit miteinander haben, aber in keinem hierarchischen verhältnis zueinander stehen.

(2) Das jeweils oberste ziel eines handelnden wird als diesem durch jeweils ganz bestimmte zustandsannahmen und nur auf diese bezogenen präferenzen vermittelt angesetzt. Präferenzen, die immer, d. h. unabhängig von den jeweils ganz bestimmten zustandsannahmen angenommen werden müssen, können nie als handlungsziele, sondern immer nur als mögliche gründe für diese gelten.

---

(4) Die einzelnen tätigkeiten können ihrerseits in einer ANDEREN handlungsbeschreibung als handlungen gekennzeichnet werden; vgl. FORGUSON (196§), 141: *"Often, what is described as one action, usually something that goes on over a fairly long period of time, and perhaps even intermittently, can be broken up into 'phases', each of which can without anomaly be described as a separate action. We can say that someone wrote a book, or that he wrote first this sentence, and then that, and then the other, etc."*

Damit soll ausgeschlossen werden, daß man z. b. eine handlung: verlassen einer party mit dem ziel: einhalten eines der großmutter gegebenen versprechens auch als eine andere handlung: verlassen einer party mit dem ziel: ein guter mensch sein o. ä. mit einem unterziel: einhalten eins versprechens beschreibt. Bestimmte prinzipien, normen, gebote oder gesetze bestimmen zwar unser handeln sehr wesentlich, ihre befolgung ist jedoch selten direktes ziel unserer einzelnen handlungen.

Zum abschluß der überlegungen zur beschreibung einer handlung als kennzeichnung einer einzelnen handlungseinheit werden die unter den angegebenen bedingungen gültigen kennzeichnungen nochmals schematisch verdeutlicht.

(1) Konstitution einer handlungseinheit +:

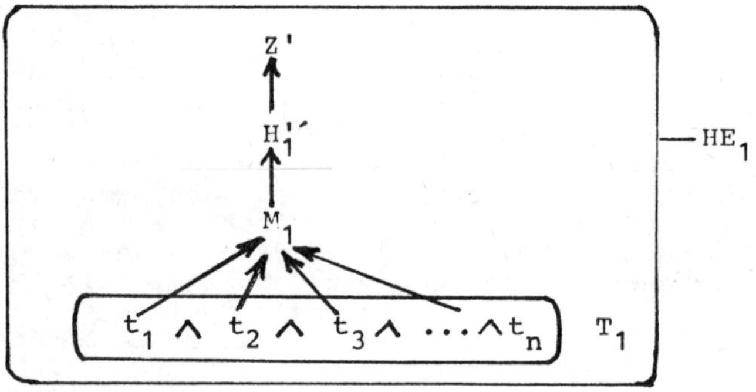

\+ Zeichenerklärungen:

t = : einzelne tätigkeiten

∧ = : konjunktionsbeziehung zwischen den tätigkeiten

T = : tätigkeitseinheit

HE = : handlungseinheit

↑ = : zuordnungspfeil

(2) Konstitution mehrerer handlungseinheiten

(a) durch ausklammerung von allgemeinen zielbestimmenden präferenzen und zuordnung einzelner handlungen (HE_1, HE_2, HE_3) zu einer bestehenden präferenz ($PRÄFERENZ_p$)

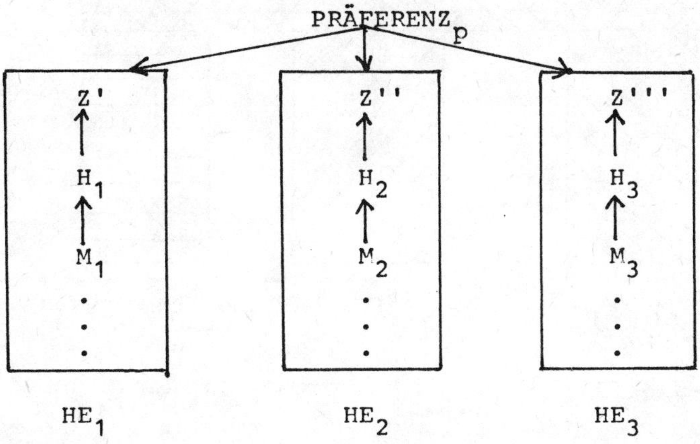

(b) durch ausklammerung von handlungen, durch die voraussetzungen für bestimmte handlungsziele geschaffen werden und die gesonderte handlungen (HE_1) darstellen:

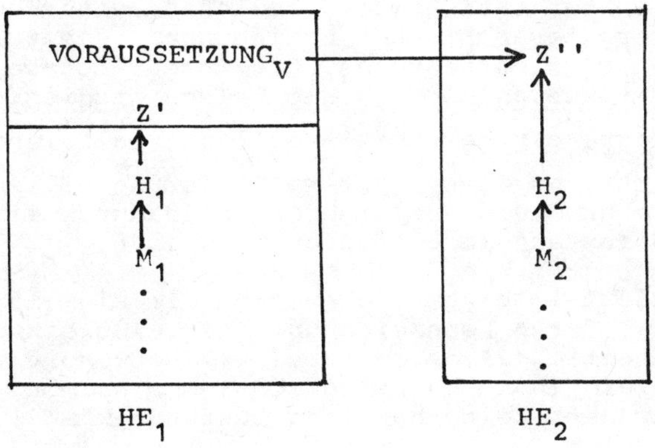

c) durch unterscheidung mehrerer handlungen, die zwar ein gemeinsames ziel haben, aber ansonsten mehrere unterschiedliche handlungen darstellen:

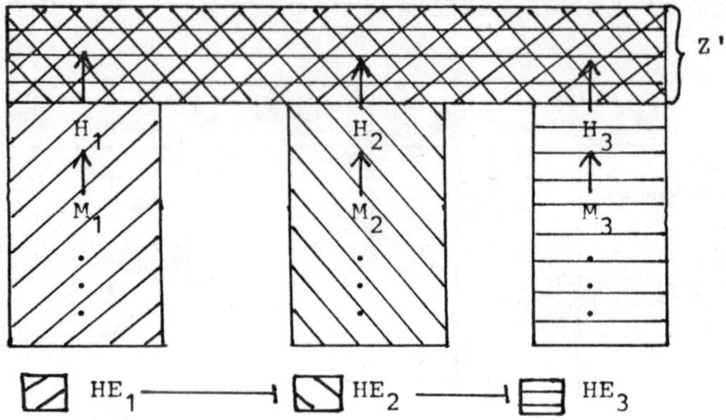

<u>Zeichenerklärung:</u> HE_1 ⊣ HE_2 =: erst HE_1 dann HE_2

Für alle kennzeichnungen einer einzelnen handlungseinheit gilt, daß sie sich - entgegen dem umgangssprachlichen ausdruck *HANDLUNG* auf alle im allgemeinen handlungskonzept enthaltenen stadien, vom ziel bis zur ausführung bestimmter tätigkeiten, beziehen, unter der voraussetzung der hierarchischen beziehungen, die zwischen den einzelnen stadien bestehen. Die wesentlichste verknüpfung kommt zustande durch die beiden stadien:

(1) die absicht, ein bestimmtes ziel zu realisieren,

(2) die absicht, um dieser zielrealisierung willen eine bestimmte handlung auszuführen und dadurch einen bestimmten zustand herbeiführen zu wollen.

Sie konstituiert im eigentlichen sinn die einheit einer handlung, bzw. deren kennzeichnung (als eine einzelne handlungseinheit). (2) setzt dabei (1) notwendig voraus. (1) ist insofern (handlungs)logisch immer primär, als ohne sie überhaupt keine handlung zustande käme (5).

---

(5) KELLER (1976) sieht das verhältnis umgekehrt. Er benennt absicht (2) mit *primärer intention* eines handelnden, absicht (1) mit *sekundärer intention* und hält erstere für *logisch primär*.
KELLER (1976): *"Historisch biographisch ist für den*

Wenn man allerdings eine handlung vom standpunkt eines jeweiligen handlungspartners oder eines beobachters aus beurteilt, gelten umgekehrte voraussetzungen: in diesen fällen ist absicht (2) die logisch primäre, da nur auf ihrer basis absicht (1) erschlossen werden kann.

Handelnden die Intention, die Folge einer Handlung zu verwirklichen, die primäre und die Intention, das Ergebnis zu verwirklichen, die sekundäre. Logisch primär ist aber die Intention, das Ergebnis zu verwirklichen, und sekundär die Intention der Folge."

6. ALLGEMEINES HANDLUNGSKONZEPT UND KOMMUNIKATIVE HANDLUNG

Das anhand möglicher problematisierungen einer möglichen handlung entwickelte handlungskonzept bezieht sich zunächst unterschiedslos auf jede art von handlung und damit auch auf kommunikative handlungen. Zu deren bestimmung sind jedoch eine reihe von präzisierungen notwendig, die ich unter den folgenden aspekten vornehmen will:

(1) INVOLVIERUNG VON ANDEREN PERSONEN ALS DEM HANDELNDEN IN EINE HANDLUNG

(2) INTENTIONALITÄT KOMMUNIKATIVER HANDLUNGEN

(3) KONVENTIONALITÄT KOMMUNIKATIVER HANDLUNGEN

(4) DIE EINZELNEN STADIEN KOMMUNIKATIVER HANDLUNGEN

(5) BEURTEILUNG KOMMUNIKATIVER HANDLUNGEN AUS UNTERSCHIEDLICHEN PERSPEKTIVEN

6.1 INVOLVIERUNG VON ANDEREN PERSONEN ALS DEM HANDELNDEN IN EINE HANDLUNG

Eine grundvoraussetzung kommunikativen handelns besteht darin, daß der handelnde eine oder mehrere andere person(en) in seine handlung involviert. Dies kann auf zwei unterschiedliche arten geschehen:

(1) eine oder mehrere andere person(en) sind in das ziel eines handelnden involviert, z. b. wenn dieser will, daß bei seinem/seinen kommunikationspartner(n) ein bestimmter kognitiver, emotiver oder physischer zustand besteht. In diesem fall ist mit dem handlungsziel bereits ein oder mehrere bestimmte(r) adressat(en) vorausgesetzt.

(2) das ziel eines handelnden und dessen realisierungsabsicht bestehen zunächst unabhängig von einem adressaten; der handelnde will eine handlung, die geeignet ist, sein ziel unmittelbar herbeizuführen, aber nicht selbst ausführen, sondern eine andere person handeln lassen. Diese ist als adressat einer kommunikativen handlung in die absicht, sie auszuführen, involviert.

Im ersten fall ist mit dem handlungsziel für den handelnden bereits notwendig festgelegt, daß er einen kommunikativen handlungstyp wählen muß, um sein ziel zu erreichen. Im zweiten fall ist dies durch das ziel selbst noch nicht festgelegt - erst dadurch, daß der handelnde sein ziel nicht allein herbeiführen will oder kann, wird es für ihn notwendig, einen kommunikativen handlungstyp zu wählen.

Die beiden möglichkeiten können noch etwas präziser formuliert werden. Dazu führe ich - in abänderung zu bisherigen schreibweisen - nachstehende abkürzungen ein, die auch für alles folgende gelten sollen:

SPR =: der initial handelnde sprecher
ADR =: der angesprochene adressat
H =: handlung
SIT =: situation als subsumption von zustandsannahmen und präferenzen von SPR und von SPR in bezug auf ADR

(1) SPR führt eine kommunikative handlung aus, um sein ziel IN BEZUG AUF EINEN ADR zu realisieren

(2) SPR führt eine kommunikative handlung aus, um sein ziel VERMITTELS EINES ADR zu realisieren.

Die involvierung eines ADR in das ziel oder die handlungsabsicht von SPR erfordert zusätzliche präzisierungen dessen, wovon SPR jeweils vernünftigerweise ausgehen muß, um sein ziel realisieren bzw. eine bestimmte handlung ausführen wollen zu können. Diese präzisierungen beziehen sich auf voraussetzungen, die SPR über ADRs dispositionen, fähigkeiten, zustandsannahmen und präferenzen machen muß.

6.2 INTENTIONALITÄT KOMMUNIKATIVER HANDLUNGEN

Das allgemeine handlungskonzept enthält zwei intentionale faktoren:

(1) die absicht eines handelnden, ein bestimmtes ziel zu realisieren,

(2) die absicht eines handelnden, um dieser zielrealisierung willen eine bestimmte handlung auszuführen und dadurch einen bestimmten zustand herbeiführen zu wollen.

Diese beiden absichten gelten auch für kommunikative handlungen, allerdings unter der bedingung der gleichzeitigen gültigkeit zusätzlicher bedingungen. Schiffer unterscheidet zwei kategorien von intentionen:

"Generally, when a person does an act X a distinction can be made between:
(i) the intention(s) *with which* the person did X
and
(ii) certain other intentions that person merely had *in* doing X.
If an intention (i) is an intention with which one

did X, then (i) will be an intention one had in doing X, but the converse need not hold. To specify one's primary intention in doing X - the intention with which one did X - is to give one's reason for doing X. This does not apply to all the intentions one had in doing X(1)." (i) ist die primäre, (ii) die sekundäre intention(2).

Mit seiner primären intention richtet sich ein agent immer auf den mit seiner handlung intendierten effekt, den Schiffer in zwei grundtypen untergliedert: einmal, daß der hörer etwas bestimmtes glaubt, zum andern, daß der hörer etwas bestimmtes tut(3). Dies kann in unserer ausdrucksweise der absicht eines handelnden, sein ziel zu realisieren oder seiner handlungsabsicht entsprechen, je nach art der involvierung eines ADR in die handlung. Einen solchen effekt kann man nur dann durch eine kommunikative handlung bewirken wollen, wenn man beim handeln noch eine reihe weiterer intentionen verfolgt. Grice hat in seinem aufsatz "Meaning" zwei notwendig zur primären intention hinzukommende intentionen in abhängigkeit zueinander formuliert:

"A must intend to induce by x a belief in an audience, and he must also intend his utterance to be recognized as so intended. But these intentions are not independent; the recognition is intended by A to play its part in inducing the belief, and if it does not do something will have gone wrong with the fulfilment of A's intentions(4)."

In unserer ausdrucksweise können wir sagen, daß für eine kommunikative handlung notwendigerweise immer die folgenden bedingungen gelten müssen:

(1) SPR will, daß ADR etwas bestimmtes weiß, glaubt, annimmt usw. oder, daß ADR etwas bestimmtes tut (Diese bedingung kann sich sowohl auf absicht (1) als auf absicht (2) des allgemeinen handlungskonzepts beziehen)

(2) SPR will, daß ADR erkennt, daß (1)

(3) SPR will, daß ADRs erkenntnis von (1) für ADRs reaktion eine rolle spielt, oder anders ausgedrückt,

---

(1) SCHIFFER (1972), 62.

(2) SCHIFFER (1972), 62.

(3) SCHIFFER (1972), 80. vgl. auch FALKENBERG (1975), 283.

(4) GRICE (1967), 45.

"der Grund - oder zum teil der Crund - für seine Reaktion r ist(5)."

Strawson hat in seiner auseinandersetzung mit den Griceschen intentionen diesen noch eine vierte hinzugefügt: um eine handlung als einen fall von kommunikation - oder zumindest versuchter kommunikation - ansehen zu können, ist es nötig, daß S intendiert, "H zu der Annahme zu bringen, daß er (S) versucht, ihm (H) etwas zu verstehen zu geben. (...) Anscheinend ist es eine weitere Minimalbedingung dafür, daß jemand zu kommunizieren versucht, daß er nicht nur beabsichtigt, daß H seine Intention erkennt, ihn zu der Überzeugung zu bringen, daß p, sondern daß er außerdem intendiert, daß H seine Intention erkennt, H zur Erkenntnis zu bringen, H davon zu überzeugen, daß p(6)."

Diese bedingung, die eine grundsätzliche voraussetzung für kommunikation überhaupt darstellt, können wir folgendermaßen formulieren:

(4) SPR will, daß ADR erkennt, daß (2)

Schiffer hat darauf aufmerksam gemacht, daß die primäre intention im fall der problematisierung kommunikativer handlungen als "reason", als begründung für die ausführung einer handlung geltend gemacht werden kann, was bei den anderen intentionen nicht möglich ist. Die warum-frage eines ADRs auf eine äußerung SPRs hin wie z. b.:

(a) SPIEL BLOSS KEINEN CHOPIN!

kann SPR beantworten durch:

(b) WEIL ICH WILL, DASS DU NICHT CHOPIN SPIELST

wenn auch damit kein besonders hoher informationswert für ADR verbunden sein mag.

Mit (b) thematisiert SPR seine primäre intention, die unter bestimmten voraussetzungen - z. b. betonung von SPRs autorität - als handlungsbegründung geltend gemacht werden kann. Eine thematisierung aller sekundärer intentionen wäre unter keinen umständen als handlungsbegründung zulässig, vgl.:

(c)+ WEIL ICH WILL, DASS DU ERKENNST, DASS ICH WILL, DASS DU NICHT CHOPIN SPIELST

(d)+ WEIL ICH WILL, DASS DU AUFGRUND DEINER ERKENNTNIS, DASS ICH WILL, DASS DU NICHT CHOPIN SPIELST, DAS CHOPIN-SPIELEN UNTERLÄSST

---

(5) Dies ist STRAWSONs formulierung der dritten GRICEschen intention, vgl. STRAWSON (1974), 65.

(6) STRAWSON (1974), 66.

(e)[+] *WEIL ICH WILL, DASS DU ERKENNST, DASS ICH WILL, DASS DU ERKENNST, DASS ICH WILL, DASS DU NICHT CHOPIN SPIELST*

o.ä.

Alle intentionen sind - wie dies bereits für die beiden absichten des allgemeinen handlungskonzepts betont wurde - untrennbar mit jeweiligen handlungen verknüpft, d. h. ich nehme nicht an, daß zunächst intentionen - als handlungsabsichten und speziell kommunikative, aufs verstehen gerichtete, intentionen - bestehen, die dann in handlungen umgesetzt werden, sondern intentionen und die tätigkeiten, die mit ihnen ausgeführt werden, bilden mit der vollzogenen handlung eine einheit(7). Damit sind intentionen dem raum des nur persönlichen wollens eines freien individuums entrückt. Wir können mit einer handlung nichts beliebiges intendieren, "wir können uns nicht entschließen, irgendwelche intentionen einzunehmen. Ich kann nicht ohne vorherige absprache zu einem kellner in einem speiserestaurant sagen "Haben Sie eine Pfeffermühle?" und damit intendieren, daß er fortgeht und mir ein wasserdichtes steilwandzelt kauft. Ich meine nicht nur, daß es mir s o nicht gelingt, ihn dazu zu bringen, ich kann es nicht einmal i n t e n d i e r e n (8)."

Die genannten intentionen gelten immer, wenn kommunikativ gehandelt wird. Wir brauchen sie deshalb nicht noch zusätzlich in das allgemeine handlungskonzept einbauen, sondern wollen verabreden, daß immer, wenn wir uns auf kommunikative handlungen beziehen, diese intentionen mitverstanden werden sollen. Ich werde auch weiterhin von "ABSICHTEN" und nicht von "INTENTIONEN" sprechen, wobei absichten immer intentionen - als spezifisch auf

---

(7) Dies betont auch LEIST (1972), 79: *Intentionen bilden sich als illokutionäre Akte.* Allerdings macht LEIST die konstitution von intentionen in sehr starkem maß abhängig von dem tatsächlichen eintreffen der beabsichtigten reaktionen eines hörers. 79: *"Wir können (deshalb) die Intentionen von Sprechern mit der Aktqualität in GELINGENDER Kommunikation gleichsetzen, Verstehen nicht als ein Einsehen vorgängig gebildeter Intentionen, sondern als das intersubjektive Bilden von Intentionen selbst auffassen."* (Hervorhebung von *GELINGENDER* von mir)

(8) KELLER (1976),11. Vgl. auch HENNIG/HUTZ (1975),73: *"Die Intention erfindet der Sprecher nicht von sich heraus, sondern sie ist ihrerseits bedingt durch einen Komplex normierter Erfahrungen."*

das verstehen des anderen gerichtete absichten - voraussetzen und bedingen.

Kommunikative handlungen werden - wie andere handlungen auch - im wesentlichen durch die mit ihnen verfolgten ziele bestimmt. "Man redet nicht um der Verständigung willen miteinander, sondern im Dienste mannigfach besonderer Intentionen (9)."

Eine schwierigkeit der kennzeichnung einzelner - speziell sprachlicher - handlungen liegt darin, daß sprache als mittel zur erreichung sehr verschiedener ziele eingesetzt werden kann, wobei der jeweilige mittelgebrauch eine einheitliche regelbefolgung voraussetzt. Vor allem wird durch die grundsätzliche offenheit des mittels sprache die bestimmung einer handlung durch ein ganz spezifisches ziel erschwert. In der alltagskommunikation können sich zudem die ziele von miteinander kommunizierenden partnern ständig ändern, d. h. sie können durch diskursive verläufe erst präzisiert, modifiziert, korrigiert werden. Trotzdem scheint es mir auch im fall "spontaner", alltäglicher kommunikation nicht gerechtfertigt, das vorhandensein von intentionen ihren teilnehmern vor einem jeweils speziellen diskursverlauf grundsätzlich abzusprechen, was z. b. Wunderlichs charakterisierung "spontaner" sprechhandlungen offenbar zuläßt: "Die Handlungsstadien werden in spontanen Sprachhandlungen oft simultan durchlaufen und unter Hinzunahme von interaktionellen Reaktionen der Adressaten: so wird die Situation oft erst aufgrund von Erwiderungen richtig eingeschätzt und konkretisiert, entsprechend werden Strategien des Sprechens geändert und die Intentionen erst im Vollzug von Sprachhandlungen ausgebildet und artikuliert (10)."

Mangelnde präzision und instabilität von zielen bei alltagspraktischen diskursverläufen sind m.e. kein grund, von einer allgemeinen ziellosigkeit der kommunikation zu sprechen. Meiner begründung für diese behauptung werde ich einen - zu diesem zweck konstruierten - alltagsdialog vorausschicken, der - zumindest strukturell, wenn auch vielleicht nicht immer in der art der formulierung - einen fall alltäglicher kommunikation wiedergeben soll:

SPR: GRÜß GOTT, WIE GEHTS?

ADR: SEHR GUT, ICH LERNE GERADE KLAVIERSPIELEN UND DAS MACHT MIR EINEN RIESENSPAß

SPR: LERNST DU DAS NUR SO VOR DICH HIN ODER RICHTIG UNTER ANLEITUNG?

---

(9) BUBNER (1976), 173.

(10) WUNDERLICH (1976), 25.

ADR: DU WIRST LACHEN, ICH NEHME RICHTIGGEHENDEN UNTERRICHT BEI EINEM KLAVIERLEHRER.

SPR: BEI WEM DENN?, UNSERE JÜNGSTE TOCHTER SOLL AUCH KLAVIERUNTERRICHT BEKOMMEN, UND WIR SUCHEN SCHON SEIT WOCHEN VERZWEIFELT EINEN KLAVIERLEHRER.

ADR: BEI O., ABER DER IST, GLAUBE ICH, ZUR ZEIT VÖLLIG BELEGT.

SPR: WIR KÖNNEN ES JA TROTZDEM MAL VERSUCHEN.

usw.

In dieser minimalsequenz spontaner sprechhandlungen kann man zwar keine konsistenten - und schon gar keine beiden partnern gemeinsamen - absichten feststellen, man kann andererseits aber kurzfristig bestehende ziele, die jeweils mit einer sprechhandlung verbunden sind, sehr wohl bestimmen. Die eröffnung der sequenz ist ein mittel zur kontaktaufnahme oder befolgung einer konvention, was als pauschales ziel nicht weiter präzisierbar ist. ADRs reaktion kann als mitteilung verstanden werden, deren ziel sich auf SPRs wissen bestimmter, für ADR wichtiger, sachverhalte bezieht. Mit seiner gegenfrage verfolgt SPR das ziel, mehr über den thematisierten sachverhalt zu wissen. ADR liefert die geforderte information mit dem gleichen ziel wie in seinem vorausgegangenen kommunikationsbeitrag, SPRs wissensvermehrung. SPRs weitere frage richtet sich auf ein ziel, das über sein bisheriges lediglich partnerbezogenes hinausgeht, während ADRs ziel aufgrund von SPRs reaktion unverändert bleibt.

Mit dieser kurzbeschreibung versuche ich, zweierlei zu zeigen:

- einmal, daß sich die jeweils einzelnen sprechhandlungen sehr wohl durch die angabe von zielen beschreiben lassen, auch wenn diese sich nicht unbedingt auf ganz bestimmte antizipierte zustände oder ereignisse beziehen,

- zum andern, daß die sequenz ohne die annahme von bestehenden absichten und deren erfüllung, bzw. nicht-erfüllung durch den jeweiligen kommunikationspartner gar nicht als zusammenhängende sequenz verstanden werden könnte.

Dies gilt sowohl für den aspekt des beobachters als auch für den aspekt der jeweils kommunizierenden personen: ohne die unterstellung, daß mein kommunikationspartner mit seinen sprachlichen handlungen bestimmte ziele verfolgt, könnte ich gar nicht sinnvoll kommunizieren(11). Dabei kann es durchaus sein, daß ich zu be-

---

(11) Ohne das bestehen kommunikativer ziele vor einem bestimmten diskursverlauf wäre zudem kein anlaß, keine motivation zur kommunikation gegeben.

stimmten zeitpunkten eines diskursverlaufs nicht weiß oder im zweifel darüber bin, was für ein ziel der andere nun eigentlich verfolgt; dies zu erfahren, kann dann wieder zu meinem ziel werden, wodurch u. u. das partnerziel beeinflußt werden kann usw. Das heißt: kommunikative ziele eines handelnden bestehen nicht notwendig unabhängig von dem tatsächlichen verlauf der kommunikation, von den reaktionen des partners, die veränderungen von zustandsannahmen und präferenzen und damit auch von zielen bewirken können.

6.3 KONVENTIONALITÄT KOMMUNIKATIVER HANDLUNGEN

Daß kommunikative handlungen in einer besonderen weise intentionale handlungen sind, ist gezeigt worden; daß kommunikative handlungen konventionale handlungen sind, ist trivial und muß gerade darum erläutert werden.

Die nicht-beliebigkeit von absichten, die ein handelnder mit seinen handlungen verfolgen kann, impliziert notwendig eine bestimmte abhängigkeit von regeln, die der handelnde befolgen muß. Eine regelbefolgung bei der ausführung kommunikativer handlungen wird in unterschiedlicher weise in zwei handlungsstadien relevant: einmal bei der art und weise der verwendung eines kommunikativen mittels, im fall sprachlicher äußerungen der formulierung, und zum andern bei der verwendung eines ganz bestimmten mittels in bezug zu einem ganz bestimmten ziel (12). Im einen fall handelt es sich um die befolgung von sprachlichen regeln im engeren sinn, im zweiten fall um die befolgung von sprachlichen (handlungs-)regeln im weiteren sinn (13).

---

(12) Analog zu meinen überlegungen zur handlungskomplexität bezeichnet der ausdruck "mittel" sowohl handlung H als auch mittel M des allgemeinen handlungskonzepts.

(13) In gleicher weise unterscheidet auch WUNDERLICH (1972), 13/14: *"Zwei Ebenen von Konventionalität"* 13/14: *"Die eine Ebene der Konventionalität von Sprache ist durch das System grammatischer Regeln gegeben, denen ein Sprecher folgt, wenn er bestimmte Bedeutungen (als propositionale wahrheitsfähige Gehalte) mit einer bestimmten Anordnung und Flektion von Wörtern einer Sprache verbindet."* 14: *"Die zweite Ebene der Konventionalität von Spra-Sprache ist (...) durch die Regeln des symbolischen, speziell verbalsymbolischen Handelns gegeben: auf welche Weise sind gewisse Kommunikationsvoraussetzungen auf gewisse kommunikative*

Wenn ich eine regel befolge, setzt dies immer voraus, daß ich die regel - zumindest für mich - als gültig akzeptiere. Im fall kommunikativer handlungen ist es darüber hinaus notwendig, daß man - will man sein Ziel erreichen -, die gültigkeit einer regel an ihrer gültigkeit für andere kommunikationspartner mißt. Dies setzt ein komplexes wissen über verhaltensregularitäten sowie über das wissen von diesen bei anderen voraus, und zwar bei allen andern mitgliedern einer sprach- und handlungsgesellschaft, sofern diese als mögliche kommunikationspartner infrage kommen. Das gemeinsame wissen, das in einer gesellschaft besteht, definiert eine regel in ihrer eigenschaft als regel, d. h. als allgemeine verbindlichkeit der befolgung und damit als konvention, die koordination und kooperation zwischen den verschiedenen mitgliedern dieser gesellschaft ermöglicht.

In anlehnung an Lewis' difinitionsvorschlag(14) werde ich von kommunikativen handlungen als von konventionalen handlungen sprechen unter den folgenden voraussetzungen für die gültigkeit einer konvention:

Eine verhaltensregularität R von mitgliedern einer gesellschaft G in einer situation S ist genau dann eine konvention, wenn:

(i) jedes mitglied von G mit grund davon ausgeht, daß jedes andere mitglied von G R in S folgt

(ii) jedes mitglied von G mit grund davon ausgeht, daß jedes andere mitglied von G mit grund davon ausgeht, daß jedes andere mitglied von G R in S folgt

(iii) jedes mitglied von G mit grund davon ausgeht, daß jedes andere mitglied von G es mit guten gründen vorzieht, R zu folgen, sofern es auch alle anderen mitglieder von G tun, weil S ein koordinationsproblem ist und die allseitige befolgung von R in S ein koordinatives gleichgewicht ergibt.

Diese bestimmung enthält nach Lewis definitionsmerkmale, die eine "Verhaltensregularität, ein System gegenseitiger Erwartungen und ein System von Präferenzen"(15) voraussetzen, dies allerdings nur kategorial; insofern sagt

---

Konsequenzen in den jeweiligen Äußerungen gebunden und intersubjektiv verstehbar, so daß ein bestimmter Ablauf von Kommunikation erwartbar, steuerbar, oder unter Umständen einklagbar ist."

(14) LEWIS (1975), 59.

(15) LEWIS (1975), 59.

die bestimmung lediglich etwas aus über bedingungen, unter denen regularitäten grundsätzlich als konventionen zu gelten haben und nichts über das tatsächliche bestehen und befolgen von konventionen in einer bestimmten gesellschaft(16).

Die in der bestimmung enthaltene präferenz: jedes mitglied einer gesellschaft zieht es mit guten gründen vor, R zu folgen mit der begründung der notwendigkeit von koordination impliziert eine weitere präferenz: jedes mitglied einer gesellschaft G zieht es mit guten gründen vor, seine handlungen mit den handlungen jedes anderen mitglieds einer gesellschaft G zu koordinieren. Koordination bedeutet im fall kommunikativer handlungen auch immer kooperation, da sich der handelnde auf seinen partner einstellen, da. h. dessen für die handlung relevanten zustandsannahmen und präferenzen antizipieren muß, in dem sinn, daß er mit grund von ihnen ausgeht(17). Die

---

(16) Damit ist sie zunächst sehr abstrakt formuliert. Ich halte sie aber nicht für eine "falsche Abstraktion" wie BRAUNROTH/SEYFERT u. a. (1975), 155. M.e. verhindert sie - ein vorwurf, den die genannten autoren (155) der LEWISschen konventionsdefinition machen - keineswegs eine konkretisierung für anwendungsbereiche, in denen "gesellschaftliche zwänge" verschiedenster art herrschen. LEWIS' interesse richtet sich primär darauf, was für eine gesellschaft die notwendigkeit von konventionen überhaupt bedeutet, BRAUNROTH/SEYFERT u. a. interessiert das "Problem der tatsächlich vorhandenen sozialen Konventionen". Eine gerechtfertigte Kritik an LEWIS müßte auf das jeweilige interesse zielen: ist es für uns überhaupt wichtig, etwas über allgemeine bedingungen, unter denen konventionen als solche gelten, zu erfahren?, wäre es nicht wichtiger, von den bestehenden konventionen auszugehen und sie als überhauphänomene unserer gesellschaft zu analysieren? o. ä.

(17) Auch gemeinsames wissen ist nur innerhalb der kontexte der wissenden subjekte definierbar. Vgl. KELLER (1974), 107: *"Ich habe nicht B's Wissen oder Bewußtsein. Es ist nicht so, daß ein Teil von B's Wissen auch mein Wissen ist, sondern mein Wissen enthält das, was ich weiß, was er weiß. Und das wiederum ist mein Wissen, nicht seines!"* Zur definition gemeinsamen wissens vgl. auch KASPER (1976).

präferenz, kooperativ zu sein, stellt m. e. selbst keine konvention dar, sondern eine voraussetzung zur bildung von konventionen - wir würden ja auch das bestreben, überhaupt miteinander zu kommunizieren, nicht als konvention auffassen.

Die präferenz der kooperation hat Grice in seinem aufsatz "Logic and Conversation" als kooperationsprinzip formuliert. Obwohl dies inzwischen mehrmals in verschiedenen büchern abgedruckt worden ist, kann ich hier aus gründen der kooperation mit meinem leser nicht darauf verzichten, es auch nochmals wiederzugeben. Ich zitiere nach der deutschen übersetzung von Braunroth/Seyfert u. a. (1975), 180:
"Mache deinen Gesprächsbeitrag so, wie er an dem Punkt, an dem er erscheint, benötigt wird, entsprechend dem akzeptierten Zweck oder der akzeptierten Richtung des Redewechsels, an dem du teilnimmst."

Dieses allgemeine prinzip in der formulierung eines imperativs wird durch vier konversationsmaximen von Grice näher erläutert; die maximen beziehen sich auf vier kategorien. Grice beruft sich zwar auf Kant(18), die maximen selbst können jedoch m. e. nicht apriorischer natur sein, schon deshalb, weil sie durch handlungspraxis erlernbar sind(19).

In der genannten übersetzung lauten die vier maximen (180)

" a) Maxime der *Quantität*
Mache deinen Beitrag so informativ wie erforderlich
Mache deinen Beitrag nicht informativer als erforderlich

b) Die Maxime der *Qualität*
Versuche deinen Beitrag so zu machen, daß er wahr ist
Sage nichts, von dem du glaubst, es sei falsch
Sage nichts, wofür du keine angemessene Evidenz hast

c) Maxime der *Relation*
Sei relevant

d) Die Maxime der *Art und Weise*
Vermeide Dunkelheit des Ausdrucks
Vermeide Mehrdeutigkeit
Sei kurz
Sei folgerichtig ('be orderly')"

Diese maximen werden relevant bei der ermittlung kommu-

---

(18) GRICE (1975), 45.

(19) Diesen hinweis verdanke ich Anneli MEYER.

nikativer absichten. Grice formuliert einen musterfall solcher ermittlung, den er "Konversationelle Implikatur" nennt (Braunroth/Seyfert u.a., (1975), 182:

"Ein generelles Muster zur Entwicklung einer konversationellen Implikatur könnte wie folgt aussehen: Er hat gesagt, daß p; es gibt keinen Grund anzunehmen, daß er die Maximen nicht beachtet, oder zumindest das CP (kooperationsprinzip, G.H.); er könnte nicht so handeln, ohne daß er denkt daß q; er weiß (und weiß daß ich weiß, daß er weiß), daß ich erkennen kann, daß die Annahme, daß er denkt, daß q erforderlich *ist*; er hat nichts zur Verhinderung meiner Annahme, daß q, unternommen; daher intendiert er, ich soll denken, daß q; und daher hat er, daß q, impliziert."

Die von Grice formulierte "konversationelle Implikatur" bezieht sich auf äußerungen, deren kommunikativer sinn nicht aus der (konventionalen) bedeutung(20) der verwendeten ausdrücke abgeleitet werden kann(21). Sie setzt voraus, daß alle kommunikationsteilnehmer gleichermaßen über gemeinsame präferenzen - oder wie Grice sagt "maximen" - verfügen.

Auf die frage, welchen status die maximen einnehmen - ob sie konventionen ("quasi-contractual") oder oberste kommunikative präferenzen darstellen - gibt Grice keine eindeutige antwort. In seinem fazit tendiert er zu einer präferenziellen bestimmung: "I am however enough of a rationalist to want to find a basis which underlies these facts, undeniable though they may be; I would like to be able to think of the standard type of conversational practice not merely as something which all or most do <u>in fact</u> follow, but as something which it is <u>reasonable for us</u> to follow, which we <u>should not</u> abandon(22)." Das hieße: die maximen lassen sich aus einer präferenz, vernünftig zu handeln, ableiten, und die praxis vernünftigen handelns richtet sich auf koordination, resp. kooperation, wodurch konventionen erforderlich werden.

Ich halte diese einschätzung von konversationsprinzipg und -maximen - gemessen an den übrigen möglichkeiten - für die adäquateste. Als voraussetzung für das bestehen von konventionen können konversationsprinzip und -maximen selbst keine konventionen sein. Gegen die annahme, sie stellen apriori der kommunikation, bedingungen ihrer möglichkeit, dar, spricht die bereits erwähnte tatsache

---

(20) Ich trenne hier zwischen sinn und bedeutung in der gleichen weise wie GRICE zwischen *"what is meant"* und *"what is said"* in (1975).

(21) Vgl. hierzu auch KELLER (1974), 24 ff.

(22) GRICE (1975), 48.

ihrer erlernbarkeit durch kommunikative praxis.

Grice sagt nichts zur näheren bestimmbarkeit von vernünftigkeit, nichts dazu, unter welchen bedingungen - außer den allgemeinen in den maximen enthaltenen - eine kommunikative handlung in einer bestimmten sprach- und handlungsgesellschaft als vernünftig zu gelten hat. Bei seinen überlegungen geht es ihm in erster linie darum, nicht-apriorische allgemeine voraussetzungen zu finden, unter denen jede art von kommunikation stattzufinden hat; die frage, wie diese voraussetzungen jeweils faktisch in spezielle diskursverläufe eingebracht werden, behandelt er nur am rande. Man übt darum ideologiekritik am falschen ort, wenn man - wie dies Braunroth/Seyfert u. a. tun - Grice anlastet, er nehme "ein kommunikatives Verhalten an, das faktisch Herrschaftsfreiheit voraussetzen würde. (...) Das Sprachverhalten des idealisierten Bürgertums wird paradigmatisch für 'an sich vernünftiges' Handeln genommen, es wird zur anthropologischen Konstanten erhoben. Die gesellschaftlichen Bedingungen erscheinen so als naturhafte, jedenfalls werden die Unterschiede nicht herausgearbeitet(23)."
EINE sache ist es - und nur dies tut Grice explizit -, festzustellen, DASS bestimmte präferenzielle prinzipien wie wahrheit, relevanz, informationsgehalt usw. beim kommunizieren eine rolle spielen, eine ANDERE sache ist es - und darauf zielt offenbar Braunroth/Seyferts interesse - festzustellen, WIE diese prinzipien jeweils in speziellen kommunikationszusammenhängen unter den bedingungen einer ganz bestimmten bestehenden gesellschaft eine rolle spielen. Daß die definitionen von relevanz, wahrheit, informationsgehalt usw. infolge gesellschaftlicher unterschiede unterschiedlich bestimmt sein können, wird sicher niemand bestreiten wollen.

Als abschluß meiner fragmentarischen überlegungen zur konventionalität kommunikativer handlungen fasse ich nochmal zusammen, was ich unter konventionaler handlung verstehen will. Eine handlung ist dann konventional, wenn für sie gilt (aus der perspektive der jeweils handelnden person):

(1) SPR geht mit grund davon aus, daß die verknüpfung eines bestimmten kommunikativen mittels mit seinem ziel in einer bestimmten situation SIT eine regularität in seiner gesellschaft G darstellt,

---

(23) BRAUNROTH/SEYFERT u. a. (1975), 184.
Der letzte satz ist m. e. widersprüchlich: wenn GRICE nichts über bestimmte gesellschaftliche bedingungen aussagt, dann erscheinen sie auch nicht als "naturhafte", sondern überhaupt nicht; als "naturhaft" erscheinen sie allenfalls den rezipienten BRAUNROTH/SEYFERT u. a.

(2) SPR geht mit grund davon aus, daß jedes andere mitglied von G mit grund davon ausgeht, daß die verknüpfung des betreffenden mittels mit dem ziel in SIT eine regularität in G darstellt,

(3) SPR geht mit grund davon aus, daß jedes mitglied von G es in SIT mit guten gründen vorzieht, sein ziel mit seinem gewählten mittel zu verknüpfen,

(4) SPR geht mit grund davon aus, daß die art und weise der verwendung seines mittels, die formulierung F, in SIT eine regularität in G darstellt,

(5) SPR geht mit grund davon aus, daß jedes andere mitglied von G mit grund davon ausgeht, daß F in SIT eine regularität in G darstellt,

(6) SPR geht mit grund davon aus, daß jedes mitglied von G es in SIT mit guten gründen vorzieht, F in SIT zu verwenden.

Diese bestimmung gilt wohlgemerkt ausschließlich für den konventionalen aspekt kommunikativer handlungen. Der ausdruck "mittel" bezieht sich sowohl auf handlung H als auch auf mittel M des allgemeinen handlungskonzepts. "Situation SIT" ist eine verkürzte redeweise für "alle für die handlung relevanten zustandsannahmen und präferenzen im kontext der jeweils handelnden person"; ihre übertragung auf andere mitglieder der gesellschaft G bedeutet soviel wie 'wenn du ich wärst'.

6.4 DIE EINZELNEN STADIEN KOMMUNIKATIVER HANDLUNGEN

Innerhalb des allgemeinen handlungskonzepts haben sprachliche äußerungen als jeweilige kommunikative handlungsvorkommen, die im folgenden auf solche sprachlicher art bezogen werden sollen, den status von formulierungen für mittel, die zur ausführung einer handlung verwendet werden, um bestimmte ziele zu erreichen. Zur erreichung ein und desselben ziels kann ein sprecher im allgemeinen zwischen mehreren handlungen bzw. handlungstypen wählen, zu deren ausführung ihm wiederum mehrere mittel zur verfügung stehen, die er in unterschiedlicher weise verwenden, d. h. formulieren kann. Mittelwahl und wahl der art und weise des mittelgebrauchs, die formulierung, unterliegen den kriterien von effizienz und ökonomie (24). Welches der zur verfügung stehenden mittel von einem sprecher als das effizienteste und ökonomischste angesehen wird, hängt ab von den jeweils relevanten zu-

---

(24) Die kriterien von effizienz und ökonomie kommen speziell in diesen handlungsstadien zu den umfassenderen kriterien von zustandsannahmen und präferenzen hinzu.

standsannahmen des sprechers. Das gleiche gilt für die art und weise der einsetzung des mittels, seiner formulierung.

Die umgangssprachlichen ausdrücke, mit denen wir sprachliche handlungen zu bezeichnen pflegen, können sich auf unterschiedliche stadien einer gesamthandlung beziehen. Dies will ich verdeutlichen, indem ich an einer verallgemeinerten handlung verschiedene möglichkeiten ihrer ausführung diskutiere. Nehmen wir an, das ziel eines sprechers sei: ADR tut p; der sprecher will dies mit einer sprachlichen handlung des typs auffordern bewirken. Er hat dann u. a. die folgenden möglichkeiten der realisierung(25):

(1) TU DOCH BITTE MAL p

(2) KÖNNTEST DU MAL p TUN

(3) WÜRDEST DU MAL p TUN

(4) DU SOLLST p TUN

(5) ES WÄRE GUT, WENN DU p TÄTEST

(6) ICH AN DEINER STELLE WÜRDE p TUN

(7) ICH VERSPRECHE DIR, DAß, WENN DU NICHT p TUST, ICH q TUN WERDE
(wobei q von SPR für ADR eine negative präferenz darstellt)

(8) BITTE, BITTE SEI DOCH SO GUT UND TU p

(9) DU TUST JETZT SOFORT p

(10) ICH BITTE DICH, p ZU TUN

(11) ICH FORDERE DICH AUF, p ZU TUN

(12) ICH FLEHE DICH AN, p ZU TUN

(13) ICH BEFEHLE DIR, p ZU TUN

(14) ICH RATE DIR, p ZU TUN

(15) ICH VERLANGE VON DIR, p ZU TUN

usw.

Die angeführten formulierungen - ein kleiner ausschnitt aller möglichen - dienen sämtlich dazu, ADR zu veranlassen, p zu tun. Insofern sind sie hinsichtlich ihrer funktion formulierungen eines mittels zur erreichung des ziels: ADR tut p zu sein, einander gleich. Andererseits unterscheiden sie sich durch die art und weise ihres gebrauchs. Bei *(10)* bis *(15)* wird durch ein verb explizit gemacht, was SPR tut, d. h. welches mittel er verwendet,

---

(25) Nicht alle der aufgeführten formulierungen müssen gleichermaßen diskurseröffnend verwendet werden.

um zu bewirken, daß ADR p tut: BITTEN, AUFFORDERN, FLEHEN, BEFEHLEN usw. Bei den übrigen formulierungen ist dies nicht der fall. Auf die frage: was hast du getan? könnte SPR antworten (abgesehen davon daß er für alle formulierungen immer sagen könnte: ich habe versucht, ADR dazu zu bewegen, p zu tun):

für *(1)* bis *(3):*	*ICH HABE ADR GEBETEN, p ZU TUN*
für *(4):*	*ICH HABE VON ADR GEFORDERT/VERLANGT,p ZU TUN*
für *(5):*	*ICH HABE ADR NAHEGELEGT, p ZU TUN*
für *(6):*	*ICH HABE ADR GERATEN, p ZU TUN*
für *(7):*	*ICH HABE ADR ANGEDROHT, DAß, WENN ER NICHT p TUT, ICH q TUN WERDE*
für *(8):*	*ICH HABE ADR ANGEFLEHT, p ZU TUN*
für *(9):*	*ICH HABE ADR BEFOHLEN, p ZU TUN* (26)

Mit allen antworten gibt der sprecher durch bestimmte verben zu verstehen, welches mittel er zur realisierung seines ziels verwendet hat, oder anders ausgedrückt: er kennzeichnet seine formulierung als den gebrauch eines bestimmten kommunikativen handlungsmittels, wobei er davon ausgeht, daß der angesprochene imstande ist, aus dieser kennzeichnung sein handlungsziel zu erschließen. Der sprecher hat mit allen antworten ein stadium der gesamten sprechhandlung - den SPRECHAKT in seiner eigenschaft als kommunikatives handlungsmittel zur erreichung seines ziels - hervorgehoben. Daß er dabei von der fähigkeit des hörers, die gesamtsprechhandlung zu rekonstruieren, ausgehen kann, bedeutet nicht, daß sich die kennzeichnung einer gesamten sprechhandlung in der benennung des entsprechenden sprechakts, mit dem sie ausgeführt wird, erschöpfen würde.

Bei einer systematischen beschreibung von sprechhandlungen muß man die umgangssprachlichen benennungsmöglichkeiten einer sprechhandlung unter folgenden aspekten berücksichtigen:

- die benennung der gesamten sprechhandlung
- die benennung einer bestimmten handlung H
- die benennung des handlungsmittels
- die verwendung von ausdrücken in der formulierung

---

(26) Mit den gewählten formulierungen ist auch wieder nur jeweils eine möglichkeit der verwendung eines mittels zur bezeichnung des sprechakts angedeutet, die im übrigen unterschiedlich präzis, z. t. sogar maskierend (d. h. den wahren intensitätsgrad des verlangens verbergend) sein können.

Für EINE sprechhandlung können in den einzelnen stadien jeweils unterschiedliche verbale ausdrücke als benennungen auftauchen, vgl.:

- die gesamte sprechhandlung wird als *AUFFORDERUNG* bezeichnet; das ziel von SPR ist: ADR tut p
- der kommunikative handlungstyp wird ebenfalls als *AUFFORDERUNG* von SPR an ADR, p zu tun, bezeichnet
- das mittel, das verwendet wird, wird als *DROHUNG* bezeichnet
- die formulierung dafür lautet

  (16) *ICH VERSPRECHE DIR, DAß ICH HEUTE ABEND NICHTS ZUM ESSEN KOCHE, WENN DU MIR NICHT SOFORT DIE ZEITUNG HOLST*

Für einen großteil von verbalen ausdrücken ist eine eindeutige zuweisung zu einem ganz bestimmten stadium der handlung nicht möglich: z. b. kann *VERSPRECHEN* ein mittel eines SPR sein, bei einem ADR gewißheit über eine zukünftige handlung von SPR zu schaffen, andererseits kann, wie in obigem beispiel, *VERSPRECHEN* auf der ebene einer formulierung verwendet werden, die ausdruck eines mittels *DROHUNG* im rahmen einer gesamthandlung *AUFFORDERN* darstellt: *DROHUNG* kann wiederum als kennzeichnung einer gesamtsprechhandlung verstanden werden; *AUFFORDERUNG* kann in allen stadien vorkommen: als benennung der gesamthandlung, des handlungstyps, als benennung des gebrauchten mittels und als in der formulierung verwendetes verb.

Schematisch:

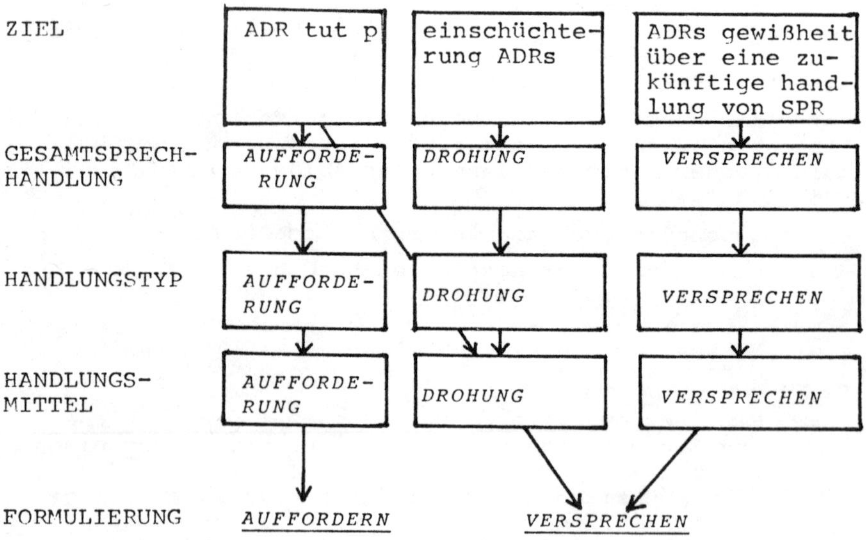

Andererseits gibt es verbale ausdrücke, deren anwendungsbereiche eingeschränkt sind: z. b. ist *DROHEN* nur im stadium der formulierung ungewöhnlich, wenn nicht abweichend vom umgangssprachlichen standard; *ÜBERZEUGEN/ÜBERREDEN* kann nur als benennung einer gesamten (bzw. mehrerer) sprechhandlung(en) verwendet werden, sie taugen weder zur benennung von sprechhandlungsmittel noch zu einer verwendung in den entsprechenden formulierungen.

Eine beschreibung von sprechhandlungen unter beachtung ihrer verschiedenen stadien und den dafür, bzw. darin verwendeten verbalen ausdrücken hat den vorzug, daß man die theoretisch problematische unterscheidung zwischen illokutionären und perlokutionären akten nicht mehr zu machen braucht, zumindest, was das verhältnis zwischen der jeweils beabsichtigten wirkung eines illokutionären aktes, dem handlungsziel, und der jeweiligen verwendung eines illokutionären aktes angeht. Jede sprechhandlung kann unter dem aspekt des ziels, das mit ihm verfolgt wird und unter dem aspekt der verwendung eines bestimmten mittels, dem sprechakt im eigentlichen sinne beschrieben werden; dies jeweils aus der perspektive der handelnden person, und nicht etwa von beim angesprochenen tatsächlichen stattgefundenen reaktionen her(27).

Mit einem verfahren, in dem man nicht davon ausgeht, daß illokution und perlokution zwei unterschiedliche klassen von prädikaten, sondern zwei unterschiedliche beschreibungsmöglichkeiten von handlungsstadien darstellen, ist nicht automatisch - wie Searle annimmt - die "Eliminierung des Begriffs der Regel"(28) verbunden. Searle geht davon aus, daß einige illokutionäre verben (wie z. b. auffordern) unter dem gesichtspunkt des beabsichtigten effekts perlokutionären effekts (z. b. ADR tut p) bestimmen ließen, andere wie z. b. versprechen, nicht: "Gelänge eine Analyse aller (oder doch der meisten) illokutionären Akte unter dem Gesichtspunkt perlokutionärer Effekte, wüchse damit die Aussicht, illokutionäre Akte ohne Bezug auf Regeln zu analysieren. Die Sprache könnte dann nämlich als bloßes konventionelles Mittel zur Erreichung bzw. zum Versuch der Erreichung natürlicher Reaktionen oder Wirkungen betrachtet werden. Ein illokutionärer Akt brauchte dann nicht notwendig irgendwelche Regeln einzuschließen(29)."

---

(27) Die reaktionen eines angesprochenen behandele ich wie AUSTIN (1972), 130 als folgen einer handlung, die sich als eine andere handlung beschreiben läßt.

(28) SEARLE (1971), 113

(29) SEARLE (1971), 113

Gegen die Searlesche auffassung läßt sich folgendes einwenden:

(1) wenn - wie Searle selbst sagt(30) - mit illokutionären akten immer ein ziel verbunden ist, das ein sprecher verfolgt, dann lassen sich diese illokutionären akte auch grundsätzlich immer unter dem aspekt ihrer verknüpfung mit einem ziel beschreiben.

(2) Ziele - oder wie Searle sagt: beabsichtigte wirkungen - werden mit einigen propositionen illokutionärer akte notwendig thematisiert, mit anderen nicht; z. b. geht aus der proposition von (Searles beispiele(31)):

(17) ICH FORDERE DICH AUF, p ZU TUN

thematisch:'ADR tut p' hervor. Bei:

(18) ICH VERSPRECHE DIR, p ZU TUN

geht eine entsprechende beabsichtigte wirkung, die man mit'ADR ist gewiß, daß SPR p tun wird' umschreiben könnte, aus der proposition des geäußerten aktes nicht hervor.

Dieser bedeutungsunterschied läßt jedoch keinen eindeutigen schluß auf einen jeweiligen äußerungssinn zu, derart, daß mit einigen sprachlichen akten "perlokutionäre Effekte" erzielt werden könnten, mit anderen nicht, bzw. daß man diesen unterschied bei der beschreibung der entsprechenden akte auch immer zum kriterium der kennzeichnung des äußerungssinns erheben müsse. Die verknüpfung von kommunikativem sinn einer äußerung mit der verwendung illokutionärer akte ist zwar nicht - im Searleschen sinn - regelhafter, sondern konventionaler natur(32); innerhalb der konventionalen gebundenheit von äußerungen jedoch verlangt die verwendung eines ganz bestimmten illokutionären aktes als kommunikatives handlungsmittel die befolgung von regeln im strengen Searleschen sinn, deren gültigkeit immer dann besteht, wenn der entsprechende illokutionäre akt ausgeführt wird, unabhängig davon, welches ziel damit verfolgt werden soll(33). Das heißt: die

---

(30) SEARLE (1971), 111 f.

(31) SEARLE (1971), 113.

(32) Zwischen regeln und konventionen würde ich - abweichend von SEARLE (1971) - nur einen graduellen unterschied hinsichtlich ihrer explizitheit im wissen der mitglieder einer gesellschaft sehen.

(33) Vgl. dazu auch HABERMAS (1976), 248: *"Die allgemeinen Kontextbedingungen institutionell ungebundener Sprechhandlungen sind zu unterscheiden von den Anwendungsbedingungen etablierter Handlungsnormen. Bei-*

gültigkeit der regeln für die verwendung von sprechakten ist kontextfrei, die gültigkeit von konventionen für ihre verknüpfung mit jeweiligen handlungszielen ist kontextdeterminiert. Zur verdeutlichung: wenn ein sprecher SPR sagt:

(19) ICH STELLE FEST, DAß p

dann können mit dem illokutionären akt des feststellens je nach zustandsannahmen des sprechers bzw. solchen über annahmen des hörers unterschiedliche ziele verknüpft sein, z. b.:'ADR weiß, daß SPR p gut (oder schlecht - je nach inhalt des komplementsatzes) findet', 'ADR tut/unterläßt q (um p abzustellen oder bestehen zu lassen)', 'ADR hat eine bestimmte positive (oder negative) einstellung zu p' usw. Unabhängig davon, welches dieser ziele SPR jeweils realisieren will, gilt für ihn immer, wenn er über p eine feststellung macht:

(i) SPR geht mit grund davon aus, daß p wahr ist

(ii) SPR geht mit grund davon aus, daß ADR mit grund davon ausgeht, daß p wahr ist

(iii) SPR geht mit grund davon aus, daß ADR mit grund davon ausgeht, daß (ii)(34)

(3) Eine vollständige kennzeichnung illokutionärer akte kann, wie ich zu zeigen versucht habe, immer nur unter den

---

de Sätze von Anwendungsbedingungen, die für Sprechhandlungstypen und die für Handlungsnormen, müssen (weitgehend) unabhängig voneinander variieren, wenn die (institutionell ungebundenen) Sprechhandlungen ein instrumentelles Repertoire darstellen sollen, aus dem das handelnde Subjekt mit Hilfe einer endlichen Anzahl von Typen eine beliebige Anzahl normenkonformer Handlungen zusammensetzen kann."
Mein ausdruck "kontextfrei" bezieht sich auf das handlungsstadium des mittels als bereits gewähltes und nicht auf die auswahl des mittels selbst.

(34) Meine formulierung "ADR geht mit grund davon aus, daß p wahr ist soll ausdrücken, daß - aus der sicht von SPR - p für ADR unproblematisch hinsichtlich seines wahrheitswertes ist und setzt hypothetisch die äußerung der feststellung (sozusagen als wissenserinnerung oder wahrnehmungsorientierung) voraus. Das gesagte bezieht sich auf die umgangssprachliche verwendung des ausdrucks und nicht auf seine verwendung in der logik. Zur mehr logisch orientierten analyse assertorischer aussagen vgl. TUGENDHAT (1976), 246 - 264.

beiden sich einander ergänzenden aspekten erfolgen: einmal unter dem aspekt ihrer kontextfreien regelhaften verwendung als mittel und zum andern unter dem aspekt ihrer kontextdeterminierten verknüpfungsmöglichkeit mit handlungszielen. Die aussicht auf erreichung eines hohen vollständigkeitsgrads ist für den ersten aspekt weitaus größer als für den zweiten; es ist sicher ein besonderes ökonomieprinzip kommunikativen handelns, daß wir mit einem mittel immer eine vielzahl von zielen verknüpfen können, und es dürfte schwierig sein, ausgehend von mitteln wie z. b. feststellen, behaupten, fragen stellen, ankündigen usw., diesen eine abgeschlossene klasse möglicher handlungsziele zuzuordnen(35).

(4) Dadurch, daß Searle die geltung des anwendungsbereichs umgangssprachlicher verbaler ausdrücke für unterschiedliche stadien einer handlung nicht beachtet, kommt er auch zu keiner differenzierung der einzelnen verben und muß sie alle gleichmäßig auf die einheit sprechakt beziehen, die er wiederum vermittels einer semantischen analyse der jeweiligen sprechaktverben (im wesentlichen solchen, die auch in formulierungen sprachlicher äußerungen vorkommen können) zu definieren versucht(36). Mit seiner analyse erzielt er notwendigerweise - bedingt durch die jeweilige geltung des anwendungsbereichs eines betreffenden untersuchten verbs - unterschiedliche ergebnisse hinsichtlich einer regelhaften verknüpfung mit bei der verwendung des verbs beabsichtigten möglichen wirkungen.

Mit einer integration von sprechakten in den rahmen eines allgemeinen handlungskonzepts ist eine erste lösungsmöglichkeit der schwierigkeiten geschaffen, die sich aus umgangssprachlicher verwendungsvielfalt der entsprechenden verben ergeben können. Für die kennzeichnung einer sprachlichen handlung müssen dabei immer alle kategorialen handlungsaspekte als mögliche bestimmungskriterien berücksichtigt werden.

Bisher bin ich in unproblematischer weise davon ausgegangen, daß bestimmte illokutionäre akte wie drohen, warnen, auffordern, versprechen usw. (unter der voraussetzung

---

(35) Ich halte eine solche auflistung von möglichkeiten auch gar nicht für sonderlich sinnvoll. Der aspekt der ziel-mittel-zuordnung ist jedoch bei der analyse von handlungsvorkommenssequenzen von methodischer wichtigkeit.

(36) SEARLEs analysen (1971) und (1975) beschränken sich auf solche sprechakte, die durch verben bezeichnet werden, die auch in den entsprechenden performativen formulierungen vorkommen.

des entsprechenden anwendungsbereichs ihrer bezeichnungen) handlungsmittel darstellen, die durch unterschiedliche formulierungen realisiert werden können. Das verhältnis zwischen kommunikativem mittel zu seinem gebrauch scheint mir jedoch etwas anderer natur zu sein als das verhältnis mittel-gebrauch im fall nicht-sprachlicher, instrumentaler handlungen wie z. b. einen nagel in die wand schlagen mit hilfe eines hammers. Ein mittel drohen als mittel zur realisierung von zielen wie: 'ADR tut p', 'ADR unterläßt p', 'ADR hat angst vor SPR', usw. ist im unterschied zum hammer kein instrument, das einem handelnden zur verfügung steht, unabhängig davon, ob und welchen gebrauch er von ihm macht, sondern es definiert sich gerade aus seinem spezifischen gebrauch, der verwendeten formulierung, als das ganz bestimmte mittel drohen.

Man könnte den unterschied an dem umstand verdeutlichen, daß man den mittelgebrauch in einer handlungsbeschreibung unterschiedlich betonen kann. Im nagel-in-die-wand-beispiel kann ich die handlung beschreiben durch die äußerung:

(20) *SPR HAT EINEN NAGEL IN DIE WAND GESCHLAGEN, WOBEI ER UNTER ANDEREM (AUCH) EINEN HAMMER BENUTZT HAT*

Im fall einer aufforderungshandlung, die durch eine drohung realisiert ist, kann man nicht sagen:

(21)⁺ *SPR HAT ADR DAZU GEBRACHT, p ZU TUN, WOBEI ER UNTER ANDEREM (AUCH) GEDROHT HAT*

o. ä.; jedenfalls dann nicht, wenn SPR nur einmal etwas geäußert hat und kein längerer diskursverlauf über ADRs tun von p stattgefunden hat. Das äußern einer drohung als handlungsmittel ist nicht - wie die verwendung eines hammers - EIN ASPEKT des beobachtbaren tuns, sondern es stellt das GESAMTE TUN dar: die äußerung wird nicht vermittels einer drohung vollzogen, sondern sie IST diese drohung. Andererseits kann man eine drohung durch eine einmal erfolgte formulierung nicht ein für allemal als ein ganz bestimmtes handlungsmittel eindeutig identifizieren, denn wir wissen alle, daß wir verschiedene formulierungsmöglichkeiten zur verwendung kommunikativer handlungsmittel zu unserer verfügung haben, wir können von ihnen in vielfältiger weise gebrauch machen, genau wie wir einen hammer zum einschlagen eines nagels unterschiedlich verwenden können.

Trotz des qualitativen unterschieds zwischen einem kommunikativen handlungsmittel wie z. b. drohen und seinem gebrauch durch verschiedene formulierungen einerseits und einem praktischen handlungsinstrument hammer und seinen möglichen handhabungen andererseits scheint mir eine unterscheidung zwischen mittel zur erreichung eines ziels und gebrauch des mittels, der formulierung, in analogie zum allgemeinen handlungskonzept dadurch gerechtfertigt, daß einmal der mittelcharakter hinsichtlich eines bestimmten ziels in beiden fällen derselbe ist, zum andern daß ein bestimmtes mittel in beiden fällen nicht notwendigerweise immer ein ganz spezielles beobachtbares tun determiniert, sondern der handelnde im allgemeinen eine reihe von möglichkeiten hat, von seinem mittel gebrauch zu machen, - ein spezialfall des gebrauchmachens ist die formulierung kommunikativer handlungsmittel(37).

6.5 BEURTEILUNG KOMMUNIKATIVER HANDLUNGEN AUS UNTERSCHIEDLICHEN PERSPEKTIVEN

Kommunikative handlungen können in unterschiedlicher weise zu beurteilungsobjekten werden, je nach perspektiven, die der beurteiler einnimmt:

(1) die perspektive der handelnden person

(2) die perspektive des kommunikationspartners

(3) die perspektive eines dritten beobachters

(1) Aus der perspektive der handelnden person wird eine kommunikative handlung anhand des kriteriums ihrer ausführung mit aussicht auf erfolg beurteilt, und zwar in bezug auf das handlungsmittel und dessen effizienz mit der für den handelnden als größtmöglich eingeschätzten aussicht auf erfolg, unter der voraussetzung von ernsthaftigkeit und aufrichtigkeit des sprechers. Über eine vollzogene kommunikative handlung kann aus der perspektive einer handelnden person zunächst nichts weiter prädiziert werden, als daß sie vollzogen ist, und zwar genau als die handlung, als die sie vom handelnden auch vollzogen wurde.

Dies festzustellen ist trotz der offensichtlichen tautologie wichtig für einen vergleich mit nicht-kommunikativen handlungen. Wenn ich z. b. meinen ofen anzünden will und durch meine ausgeführten tätigkeiten das angestrebte ziel: der ofen brennt nicht erreiche, kann ich nicht sagen, daß ich die handlung "den ofen anzünden" ausgeführt habe, sondern muß sagen, daß ich einen "versuch" unternommen habe, den ofen anzuzünden. Welche handlung als vollzogen gilt, ist abhängig von dem tatsächlich

---

(37) Bei der verwendung kommunikativer mittel, im sinn von sprechakten, in einer bestimmten weise machen wir wiederum von sprachlichen mitteln - lauten, wörtern, sätzen - gebrauch, so daß man bei kommunikativen handlungen - im unterschied zu anderen instrumentellen handlungen - von zwei arten von mitteln sprechen könnte, deren man sich bei einer handlungsausführung bedient.

erreichten ziel (oder teilziel) des handelnden. Dies ist bei kommunikativen handlungen nicht der fall: wenn ich z. b. einem adressaten gegenüber äußere:

(1) ICH HELFE DIR MORGEN GANZ SICHER BEIM UMZIEHEN

und damit ein versprechen abgebe, dann ist diese äußerung als versprechen vollzogen, unabhängig davon, ob das ziel (ADRs gewißheit bezüglich meiner umzugshilfe) erreicht ist und dessen kommunikative voraussetzungen (ADRs verstehen) erfüllt sind. Hat mich der adressat aus irgendwelchen akkustischen gründen nicht verstanden und fragt mich, was ich gesagt habe, kann ich antworten:

(2) ICH HABE VERSPROCHEN, DIR BEIM UMZIEHEN ZU HELFEN

oder neutral:

(3) ICH HABE GESAGT, DAß ICH DIR MORGEN GANZ SICHER BEIM UMZIEHEN HELFEN WERDE

aber keinesfalls:

(4)⁺ ICH HABE VERSUCHT, DIR ZU VERSPRECHEN...

(5)⁺ ICH HABE VERSUCHT ANZUKÜNDIGEN/ZU SAGEN, DAß...

Als versuch kann man die äußerungshandlung nur dann charakterisieren, wenn man sich auf das angestrebte ziel der handlung bezieht, etwa:

(6) ICH HABE VERSUCHT, DICH DARÜBER ZU BERUHIGEN, DAß ICH DIR MORGEN GANZ SICHER BEIM UMZIEHEN HELFEN WERDE

Es ist m. e. sinnvoller und theoretisch vorteilhafter, die geltung einer kommunikativen handlung als eine ganz bestimmte handlung H (aber nur als dies) aus der perspektive einer jeweils handelnden person zu bestimmen und den jeweiligen vollzug einer handlung mit aussicht auf erfolg für das entscheidende kriterium anzusehen, als die geltung einer kommunikativen handlung als eine ganz bestimmte handlung H von der reaktion des adressaten abhängig zu machen. Theoretisch vorteilhafter ist dies, weil damit auch fälle erfaßt werden können, in denen zwar der speziell angesprochene partner keine reaktionen zeigt, dafür aber ein zufällig anwesender zuhörer. Der sprecher kann von diesem (u. u. zu einem späteren zeitpunkt) auf die äußerung hin angesprochen werden, z. b. durch einen vorwurf, eine aufforderung zur begründung/rechtfertigung usw. Dem kann der sprecher kaum damit begegnen, daß er seine äußerung mangels stattgefundener adressatenreaktion für nichtig erklärt, etwa:

(7)⁺ADR HAT GAR NICHT HINGEHÖRT, ALSO HABE ICH IHM AUCH NICHT VERSPROCHEN

(2) Weitere prädikate, die über vollzogene handlungen gemacht werden können, sind "glücken" bzw. "mißglücken". Eine kommunikative handlung kann in unterschiedlicher weise mißglücken. Dies ist aus der perspektive des jeweiligen kommunikationspartners zu differenzieren.

Die verschiedenen stadien einer kommunikativen handlung werden im rahmen des hier entwickelten handlungskonzepts von einem jeweiligen hörer umgekehrt zum sprecher durchlaufen. Das handlungsziel wird über zwischenstadien aus der formulierung, die ausgangsbasis ist, erschlossen. Damit hat der hörer die verstehensintentionen des sprechers erfüllt, eine notwendige voraussetzung für die zielrealisierung, die ihrerseits voraussetzt, daß ADR das ziel von SPR akzeptiert, was allerdings nicht unbedingt auch hinreichend für die tatsächlich eintretende reaktion von ADR zu sein braucht.

Wir haben also - analog zum sprecherkonzept - die folgenden hörerseitigen stadien einer kommunikativen handlung:

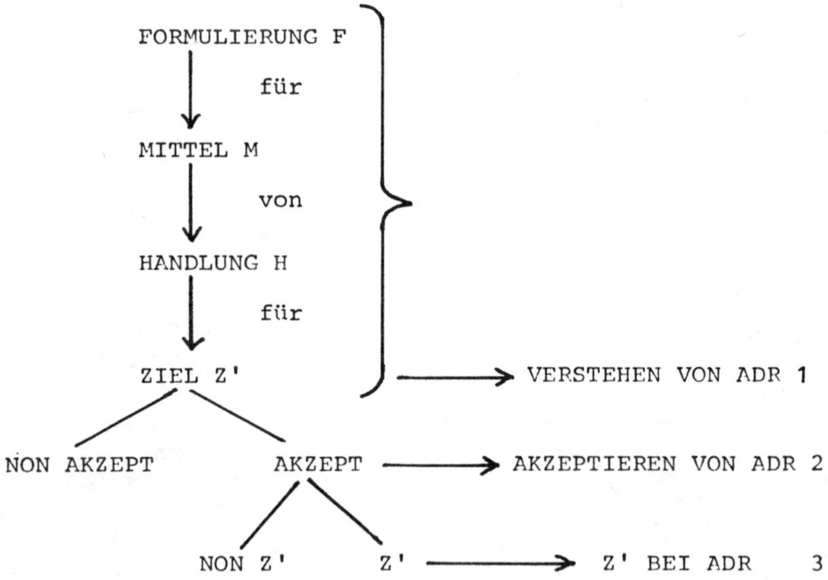

ADRs akzeptieren von Z' setzt voraus, daß ADR in gleicher weise auch handlung H, mittel M und formulierung F (als mit Z' verknüpft) akzeptiert hat.

Eine kommunikative handlung kann auf allen hörerseitigen stadien mißglücken:

- auf dem stadium des verstehens;
  ursache sind - außer einer immer möglichen akkustischen störung, die ich hier vernachlässigen kann - unterschiedliche zustandsannahmen von sprecher und hörer. Dadurch kann eine für den hörer sinnvolle verknüpfung zwischen der formulierung und einem möglichen handlungsmittel oder einem mit der formulierung bereits verknüpften handlungsmittel mit einem möglichen ziel verhindert werden.

- auf dem stadium des akzeptierens;
  ursache sind unterschiedliche präferenzen: ADR beurteilt SPRs ziel als unzumutbar, nutzlos, zu aufwendig usw. oder ADR beurteilt die person SPR als inkompetent, unverschämt, unhöflich, umständlich usw.

- auf dem stadium der zielrealisierung durch ADR;
  ADR reagiert nicht in der von SPR beabsichtigten weise, obwohl er Z' akzeptiert. Damit ist nicht gemeint, daß ADR einfach SPRs ziel nicht herbeiführen will (dann könnte man wohl auch nicht von akzeptieren sprechen), sondern daß ADR immer noch durch irgendwelche, weder vom sprecher noch vom hörer vorhersehbaren, ereignisse von der zielrealisierung abgehalten werden kann.

(3) Die perspektive eines dritten beobachters fällt weitgehend zusammen mit der perspektive des jeweiligen kommunikationspartners, geht aber in einigen punkten über sie hinaus, und zwar,

(a) was die beurteilungsmöglichkeit einer handlung hinsichtlich der notwendigkeit ihrer ausführung anbelangt,

(b) was die beurteilungsmöglichkeit einer handlung hinsichtlich ihrer möglichen und ihrer tatsächlich erreichten effektivität anbelangt,

(c) was die beurteilungsmöglichkeit einer handlung hinsichtlich ihrer moralischen vertretbarkeit anbelangt

Der beurteilungsrahmen von handlungsvorkommen ist vom beobachterstandpunkt aus gesehen größer als aus den perspektiven des handelnden und seines jeweiligen kommunikationspartners: der beobachter kann die vollzogene(n) handlung (en) mit allen ihm bekannten - in der von ihm als SIT interpretierten situation - möglichen anderen handlungen bzw. handlungstypen vergleichen, eine möglichkeit, die man für die betroffenen kommunikationsteilnehmer nicht in gleicher weise annehmen kann. Aus der perspektive eines beobachters lassen sich urteile über handlungen formulieren, in denen die jeweiligen handlungsvorkommen über ihre je zeitliche gültigkeit hinaus als mögliche handlungstypen generalisiert werden(38). Solche urteile können z. b. lauten:

(i) handlung H in der situation SIT zu tun, ist sinnlos/ überflüssig

(ii) mit H ist alles getan worden, was man jetzt in SIT tun kann/muß

(iii) mit H ist alles getan worden, was man in SIT tun kann/muß und was man in zukunft tun können/müssen wird

(iv) mit H in SIT ist mehr getan worden, als man hätte tun brauchen/müssen

(v) mit H in SIT ist nicht alles getan worden, was man hätte tun können/müssen

(vi) man darf H in SIT nicht tun

(vii) wenn man H in SIT tut, muß man mit bestimmten folgen rechnen

spezieller:

(viii) wenn man H in SIT tut, muß man auch H' in der zukunft tun

(ix) wenn man H in SIT tut, muß man in der vergangenheit H' getan haben

usw.

Einige dieser urteile können auch als aus der perspektive eines kommunikationspartners gefällt angenommen werden, jedoch in vergleichsweise engerem kontext: sie beziehen sich immer auf die singuläre handlung H von SPR, dem jeweiligen individuellen sprecher, während beobachterurteile sich auf klassen von sprechern: 'jeder, der H in SIT tut'(39) beziehen.

Für eine untersuchung von sprechhandlungssequenzen ist keine der diskutierten perspektiven methodisch allein hinreichend, auch nicht - wie man annehmen könnte - die beobachterperspektive, von der man normalerweise ausgeht: Um etwas über das tatsächliche funktionieren, über glükken oder mißglücken der einzelnen abschnitte des jeweils untersuchten kommunikationsverlaufs aussagen zu können, muß man zuvor die perspektiven der an ihm beteiligten personen angenommen und aus diesen ziele und absichten bzw. gegenziele und gegenabsichten bestimmt haben.

---

(38) Zu solchen generalisierten handlungsurteilen vgl. auch WIEHL (1976), 48 - 59.

(39) Dies ist die position, die innerhalb der linguistischen pragmatik durchgängig angenommen wird.

7. ZUR KONSTITUTION VON HANDLUNGSZUSAMMENHÄNGEN

7.1. HANDLUNGSSTRATEGIE EINER HANDELNDEN PERSON

Das entwickelte handlungskonzept setzt als ganzes voraus, daß der handelnde alle für die handlung hinreichenden und notwendigen bedingungen erfüllt. Ist diese voraussetzung auch nur für eine der bedingungen nicht gegeben, kommt die handlung nicht zustande. Dies muß jedoch weder eine prinzipielle handlungsunmöglichkeit noch die grundsätzliche aufgabe des ursprünglichen handlungsziels durch den handelnden zur folge haben; ihm bleiben zunächst zwei alternativen:

(1) entweder er realisiert sein handlungsziel überhaupt nicht, d. h. er handelt gar nicht (und unterläßt nicht etwa die handlung!)

(2) oder er macht sich daran, die fehlenden voraussetzungen durch andere handlungen zu schaffen, wobei dann 'voraussetzungen schaffen' die jeweiligen neuen handlungsziele definiert.

Eine dritte möglichkeit wäre, daß der handelnde - z. b. im fall fehlender oder der realisierungsmöglichkeit der handlung entgegenstehender partnerbezogener zustandsannahmen - trotzdem handelt, was allerdings auf kosten der effizienz seiner handlung ginge und zugleich ernsthaftigkeits- und aufrichtigkeitsprinzip, von dessen einhaltung ich auch weiterhin ausgehen will, verletzen würde.

Die voraussetzungen schaffenden handlungen werden mit zielen ausgeführt, die dem ausgangsziel untergeordnet sind. Durch diese unterordnung konstituieren sie sich als zusammenhang, der durch die ursprünglich beabsichtigte handlung zunächst abgeschlossen ist.

Ein solcher handlungskomplex hat die folgende - sehr verallgemeinerte - struktur: (s. nächste Seite)

<u>Zeichenerklärungen:</u> V = voraussetzung

$\left\{ \begin{matrix} a \\ \downarrow \\ b \end{matrix}, \; a \rightarrow b \right\}$ =: a bedingt b unmittelbar

$\begin{matrix} a \\ \uparrow \\ b \end{matrix}$ =: b setzt a voraus

$\begin{matrix} a \\ \vdots \\ \downarrow \\ b \end{matrix}$ =: a bedingt b mittelbar (über c)

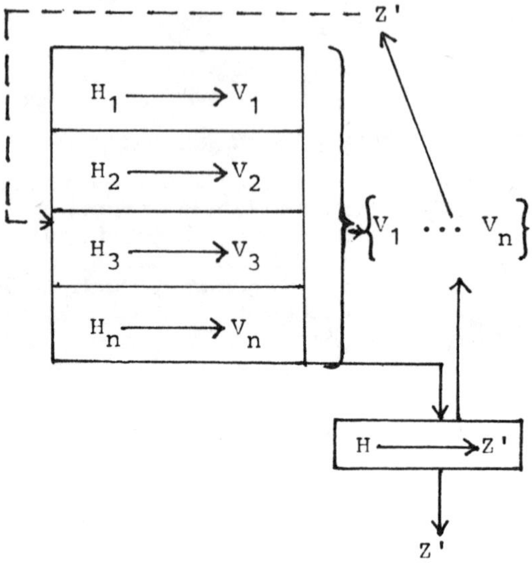

Bei einigen sprachlichen handlungen - vor allem sogenannte regulativen - drückt sich das verhältnis von notwendiger erfüllung der handlungsbedingungen zur ausführbarkeit der handlung in den thematisierungsmöglichkeiten von formulierungen aus. Besonders Searle und Gordon/ Lakoff haben darauf hingewiesen, daß man mit indirekten formulierungen für regulative - also formulierungen, in denen weder ein performatives verb noch andere illokutionäre indikatoren verwendet werden - alternativ verschiedene notwendige inhalte von zustandsannahmen sowohl sprecher- als auch hörerbetreffend thematisieren kann (1). Unter der präferenz von höflichkeit(2) gelten die formulierungen als mögliche gebrauchsweisen des kommunikationsmittels aufforderung: der sprecher geht davon aus, daß er alle notwendigen bedingungen erfüllt - auch hörerseitige, also begründete annahmen über zustandsannahmen, präferenzen, fähigkeiten, bereitschaft des hörers macht,

(1) SEARLE (1975) und GORDON/LAKOFF (1975).

(2) SEARLE (1975), 64: "*In directives* (Searles bezeichnung der sprechhandlungsklasse von regulativen,G.H.) *politeness is the chief motivation for indirectness.*"

läßt aber diesem die möglichkeit offen, über die zurückweisung der in der formulierung thematisierten bedingung die geforderte handlung abzulehnen. Eine indirekte äußerung als mittelgebrauch zur ausführung einer regulativen sprechhandlung leistet im glückensfall immer zweierlei:

(1) sie bestätigt oder konsolidiert das erfülltsein der jeweils thematisierten bedingung,

(2) sie realisiert zugleich das angestrebte ziel

Das allen sprechern einer sprache gemeinsame wissen über den strukturellen zusammenhang zwischen voraussetzungen einer handlung und ihrer ausführbarkeit ist in solchen indirekten formulierungen konventionell gebunden. Der jeweilige äußerungssinn konstituiert sich für die kommunikationsteilnehmer aufgrund dieses konventionalisierten wissens(3).

Mit dem verweis auf formulierungsmöglichkeiten bei regulativen sprechhandlungen wollte ich deutlich machen, daß das verhältnis von voraussetzungen für eine handlung zu deren ausführbarkeit ein prinzip des kommunizierens selbst darstellt, das sich bereits in einer komplexen handlungseinheit ausdrückt.

Die möglichkeit bzw. notwendigkeit, handlungsvoraussetzungen zu schaffen, kann zwischen mehreren stadien einer handlung auftreten:

(1) zwischen dem stadium des ziels und seiner realisierungsabsicht

(2) zwischen dem stadium der realisierungsabsicht und der absicht, eine bestimmte handlung H auszuführen,

(3) zwischen dem stadium der handlungsabsicht und einem gewählten mittel M

(4) zwischen dem stadium des mittels M und einem mittelgebrauch G

Der handelnde muß die fehlenden voraussetzungen schaffen, indem er - von den stadien des handlungskonzepts her gesehen - von oben nach unten vorgeht, derart, daß er - bei fehlenden voraussetzungen zwischen allen möglichen handlungsstadien - zunächst voraussetzungen für die realisierungsmöglichkeit seines ziels schafft, dann voraussetzungen für die erfüllung spezieller, für die handlung H notwendiger bedingungen, dann voraussetzungen für die verwendung des mittels M, dann voraussetzungen für die art und weise des mittelgebrauchs G.

---

(3) SEARLE (1975), 73 f. gibt beispiele für hörerurteile, in denen dieses wissen ausgedrückt wird.

Bei ausschöpfung aller möglichkeiten ergibt sich die folgende verallgemeinerte struktur:

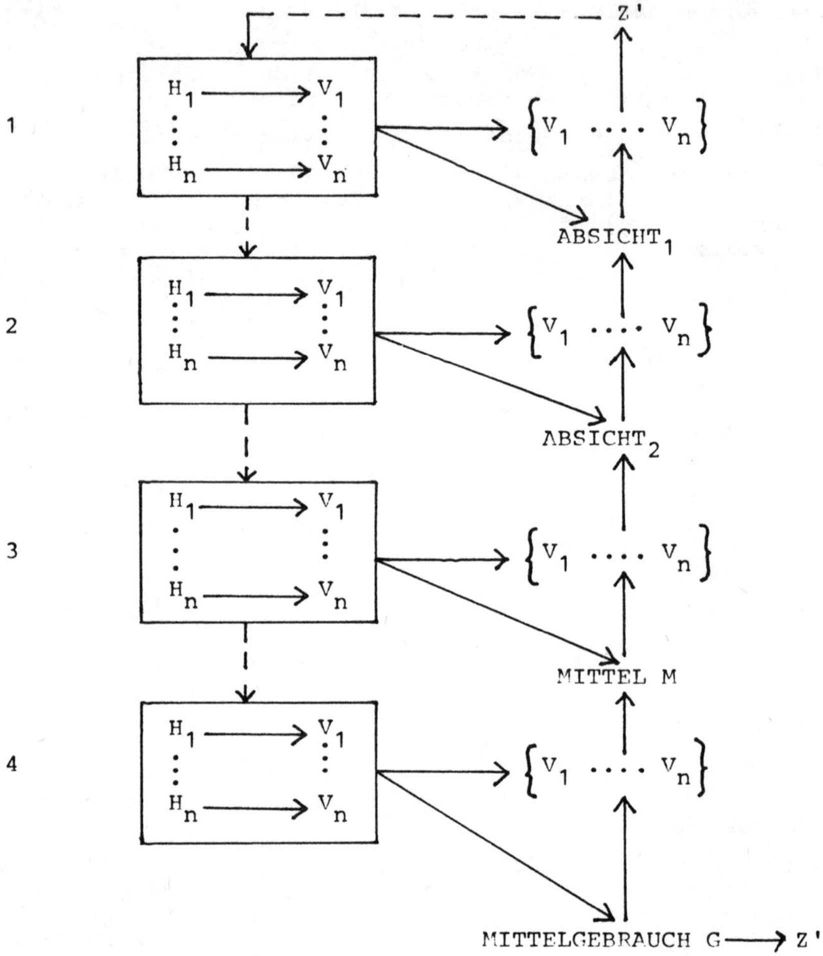

Zeichenerklärungen:

V =: Voraussetzung

$a \downarrow b$; $a \rightarrow b$ =: a bedingt b unmittelbar

$a \uparrow b$ =: b setzt a voraus

a ⇣ b =: a bedingt b mittelbar (über c)

Die zweite möglichkeit zur konstituierung von handlungszusammenhängen ist - aus der perspektive der handelnden person - die ausführung mehrerer handlungen zur realisierung ein und desselben ziels:

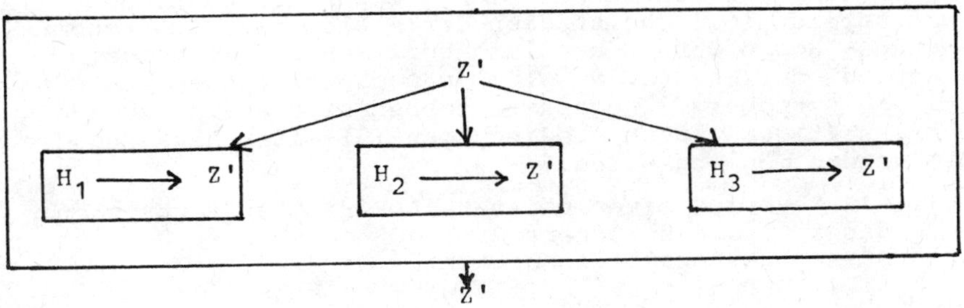

Dabei können die einzelnen ausgeführten handlungen entweder nur chronologisch miteinander verknüpft sein, also H_1 vor H_2, H_2 vor H_3 usw. oder sich gegenseitig handlungslogisch voraussetzen, also: H_2 nur dann, wenn vorher H_1, H_3 nur dann, wenn vorher H_2 usw. Bei der ausführung der einzelnen handlungen mit demselben ziel kann wiederum die möglichkeit/notwendigkeit angenommen werden, daß der handelnde fehlende voraussetzungen durch die ausführung neuer handlungen schaffen muß, so daß die komplexe struktur der handlungsführung mit einem ziel und ihrer möglichkeit der voraussetzungsschaffung in obige struktur eingebaut werden kann.

7.2 HANDLUNGSZUSAMMENHÄNGE IN KOMMUNIKATIVEN ABLÄUFEN

Das funktionieren von strategien eines handelnden, die tatsächliche realisierung seines handlungsziels, hängt in kommunikativen prozessen weitgehend von den reaktionen eines jeweiligen partners ab. Durch diese wird der umfang einer handlungssequenz im bezug zur zielrealisierung eines diskurseröffnenden sprechers bestimmt. Im glückensfall ist eine solche sequenz zweigliedrig, z. b.:

angebot - annahme des angebots
frage - antwort
vorwurf entschuldigung
aufforderung zu p - ADRs tun von p

usw. (4)

Die von ADR ausgeführte reaktionshandlung - sprachlicher

(4) Zu solchen zweigliedrigen sequenzen vgl. auch WUNDERLICH (1976), 300.

oder nichtsprachlicher art - kann ihrerseits als inhalt einer zustandsannahme für eine weitere handlung des initialen sprechers oder hörers relevant werden, oder es kann eine neue handlungssequenz eröffnet werden.

Im mißglückensfall können sich die partnerreaktionen auf unterschiedliche stadien der - als initial angenommenen - ausgeführten handlung beziehen und sequenzeinleitend oder -beendend sein, je nach reaktionen des initialen sprechers. Insgesamt ergeben sich analog zu den hörerseitigen glückensbedingungen (5) einer handlung die folgenden möglichkeiten:

(1) die reaktion eines partners ADR richtet sich gegen das ziel des sprechers SPR; ADR akzeptiert Z' nicht SPRs reaktionsmöglichkeiten:
    (1.1) SPR gibt sein ziel auf - es kann eine neue sequenz durch SPR oder ADR eröffnet werden
    (1.2) SPR macht sich daran, zu seiner zielrealisierung fehlende voraussetzungen durch die ausführung einer oder mehrerer weiterer handlung(en) zu schaffen, z. b. durch erklärungen, überzeugungsversuche ADR gegenüber

BEISPIEL (verallgemeinert):
SPRs ziel sei: ADR hält für wahr, daß p
(dies soll auch für die folgenden beispiele (2) - (5) gelten)

SPR: GLAUB MIR, DASS p!

ADRs **reaktion**: *DU KANNST VON MIR (JETZT, HIER, ÜBERHAUPT) NICHT VERLANGEN, DASS ICH GLAUBE, DASS p*

SPRs reaktionsmöglichkeiten:
(1.1) DANN NICHT, LASS UNS SPAZIEREN GEHEN o.ä.

(1.2) ICH WILL DOCH NUR DEIN BESTES; WENN DU MIR NICHT GLAUBST, DASS p, WIRST DU IN DEIN UNGLÜCK RENNEN, DENN ...
(erklärungen)

oder:

ICH WEIß, DASS DU WEIßT, DASS q; WENN DU ABER q FÜR WAHR HÄLTST, MUßT DU AUCH p *FÜR WAHR HALTEN, DENN q SETZT p VORAUS, UND ZWAR ...*
(erklärungen)

(2) ADRs reaktion richtet sich gegen die handlung H von SPR, ADR akzeptiert - u. u. - Z', aber nicht die art und weise seiner realisierung

SPRs reaktionsmöglichkeiten:

---

(5) Vgl. S. 66

(2.1) SPR gibt sein ziel auf
(2.2) er führt eine andere handlung H_1 aus
(2.3) SPR macht sich daran, fehlende voraussetzungen zur ausführung von H zu schaffen, z. b. durch den versuch, ADR von der notwendigkeit, gerade H zu tun, zu überzeugen

BEISPIEL:

SPR: GLAUB MIR, DASS p!

ADRs reaktion: *ICH GLAUB DIR JA ALLES, ABER DESHALB MUßT DU ES MIR DOCH NICHT IMMER WIEDER SAGEN*

SPRs reaktionsmöglichkeiten:
(2.1) ICH BIN JA SCHON STILL o. ä.

(2.2) SPR zeigt ADR eine passage eines buches, in der p thematisiert wird

(2.3) ABER WENN ICH ES DIR NICHT SAGE, WEIßT DU JA GAR NICHT, DASS ICH ES FÜR WICHTIG HALTE, DASS DU GLAUBST, DASS p, UND ES IST WICHTIG, WEIL ...
(erklärungen)

oder:
ES IST ABER WICHTIG, DASS DU GLAUBST, DASS p, DENN ...
(erklärungen)

(3) ADRs reaktion richtet sich gegen die verwendung eines mittels M von SPR

SPRs reaktionsmöglichkeiten:
(3.1) SPR gibt sein ziel auf
(3.2) SPR verwendet ein anderes mittel M_1
(3.3) SPR macht sich daran, fehlende voraussetzungen für die verwendung von M zu schaffen, z. b. durch den versuch, ADR davon zu überzeugen, daß er nur M verwenden könnten oder durch eine erklärung der bedeutung, die M für SPR hat

BEISPIEL:

SPR: GLAUB MIR, DASS p!

ADRs reaktion:
DU KANNST NICHT EINFACH VON MIR VERLANGEN, DASS ICH GLAUBEN SOLL, DASS p; (DU KANNST MICH ALLENFALLS DARUM BITTEN)

SPRs reaktionsmöglichkeiten:
(3.1) DANN LÄßT DU ES BLEIBEN o. ä.
(3.2) ICH MÖCHTE DICH ABER ERNSTHAFT BITTEN, MIR ZU GLAUBEN, DASS p, WEIL ...
(erklärungen)
(3.3) WENN ICH ES NICHT VON DIR VERLANGEN WÜRDE, WÜRDEST DU GAR NICHT MERKEN, WIE WICHTIG ES

MIR IST, DASS DU GLAUBST, DASS p

oder:

ICH MUß ES ABER VON DIR VERLANGEN, ANDERNFALLS MÜßTE ICH q TUN
(wobei q negativ für ADR)

(4) ADRs reaktion richtet sich gegen den mittelgebrauch G für M von SPR

SPRs reaktionsmöglichkeiten:
(4.1) SPR gibt sein ziel auf
(4.2) SPR macht einen anderen gebrauch G_1 von M
(4.3) SPR macht sich daran, fehlende voraussetzungen von G zu schaffen (z. b. in gleicher weise wie (3.3))

BEISPIEL:

SPR: GLAUB MIR, DASS p!

ADRs reaktion:
SO DIREKT KANNST DU MICH NICHT AUFFORDERN, ETWAS ZU GLAUBEN!

SPRs reaktionsmöglichkeiten:
(4.1) DANN EBEN NICHT o.ä.
(4.2) ES IST WICHTIG, DASS DU MIR GLAUBST, DASS p, WEIL ...
(erklärungen)
(4.3) WENN ICH NUR GESAGT HÄTTE: ES IST WAHR/ES STIMMT, DASS p, DANN HÄTTEST DU VIELLEICHT GAR NICHT VERSTANDEN, DASS ICH ERNSTHAFT WILL, DASS DU AUCH GLAUBST, DASS p

oder:

ICH HAB ES DESWEGEN SO DIREKT GESAGT, DAMIT DU MERKST, WIE WICHTIG ES MIR IST, DASS DU AUCH GLAUBST, DASS p

(5) ADRs reaktion drückt unverständnis aus, z. b. in einer was(sagst du/tust du?)-frage

SPRs reaktionsmöglichkeiten:
(5.1) SPR vollzieht die gleiche oder eine ähnliche handlung noch einmal
(5.2) SPR expliziert seine handlungsabsicht

BEISPIEL:
SPR: GLAUB MIR, DASS p!

ADRs reaktion:
WIE BITTE?
WAS SOLL ICH?

SPRs reaktionsmöglichkeiten:
(5.1) GLAUB MIR, DASS p oder:
ICH WILL, DASS DU MIR GLAUBST, DASS p

(5.2) *ICH HALTE ES FÜR WICHTIG, DASS DU GLAUBST, DASS p, WEIL ...*
(erklärungen)

Die möglichen reaktionen eines sprechers auf erfolgte hörerreaktionen sind ihrerseits jeweils den reaktionen von seiten des hörers ausgesetzt, die sich alternativ wieder auf die angegebenen stadien der jeweils vollzogenen handlung beziehen können.

Die einfachen sprecher-hörer-schemata sind im folgenden nochmals zusammengestellt:[+]

[+] Zeichenerklärungen für alle schemata I - II (5):

R =: reaktionshandlung

a⟶b =: a bedingt unmittelbar b

a -•- • - • ⟶b =: alternative zu a⟶b

| zeitlinie der handlungspartner

↖ bezug der reaktionshandlung auf ein best. handlungsstadium

 entscheidungspunkt

 ausscheiden aus dem handlungszusammenhang

I FÜR DEN GLÜCKENSFALL

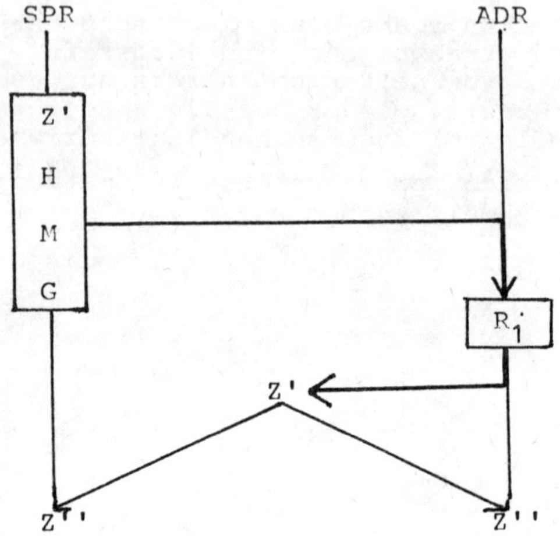

II FÜR MISSGLÜCKENSFÄLLE (1) ADRs reaktion gegen Z'

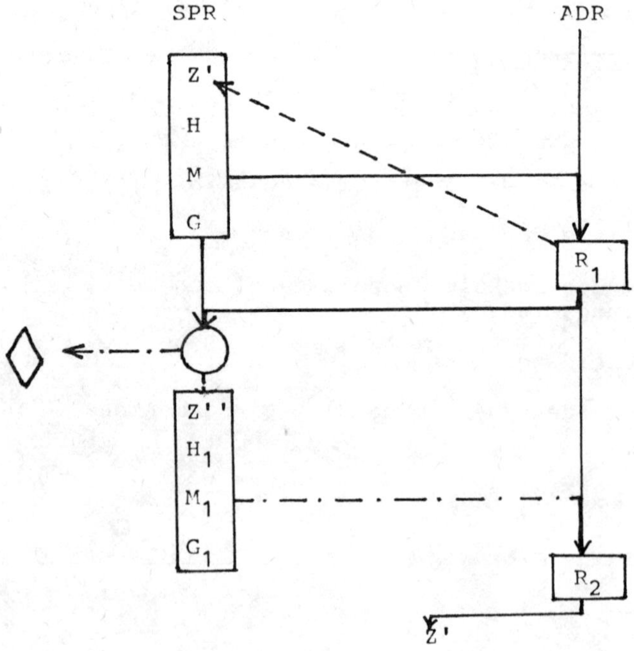

(2) ADRs reaktion gegen Handlung H

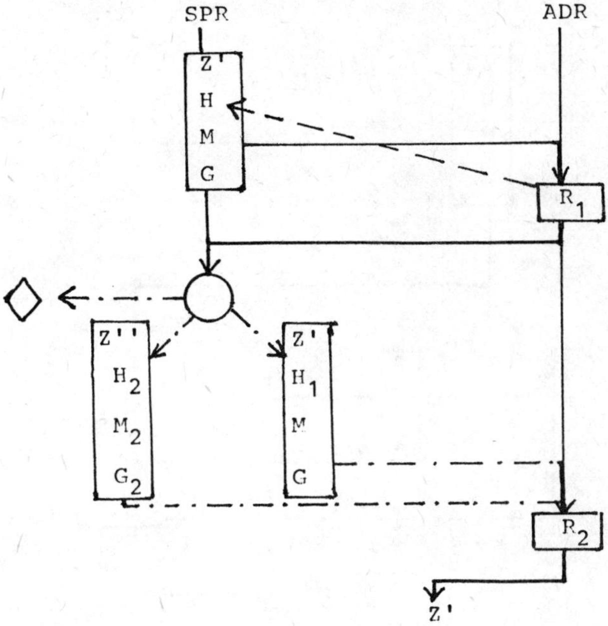

(3) ADRs reaktion gegen mittel M

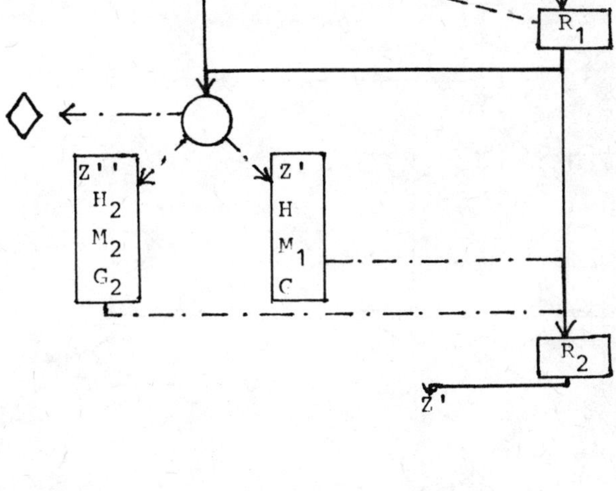

(4) ADRs reaktion gegen mittelgebrauch G

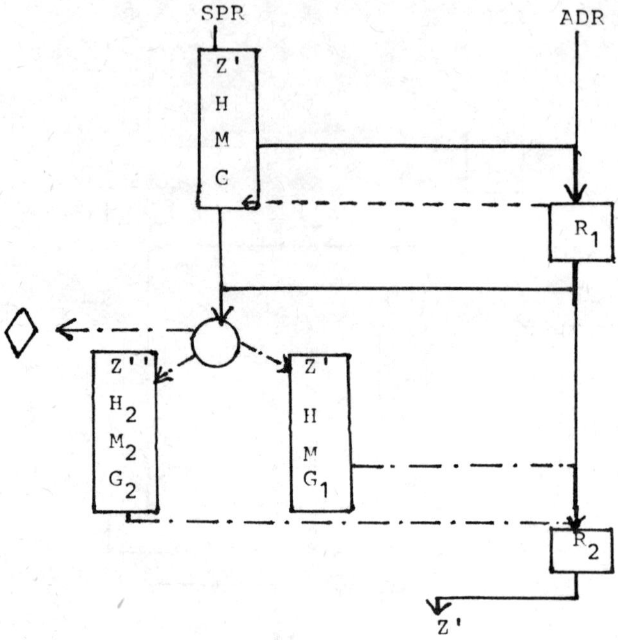

(5) ADRs unverständnisreaktion

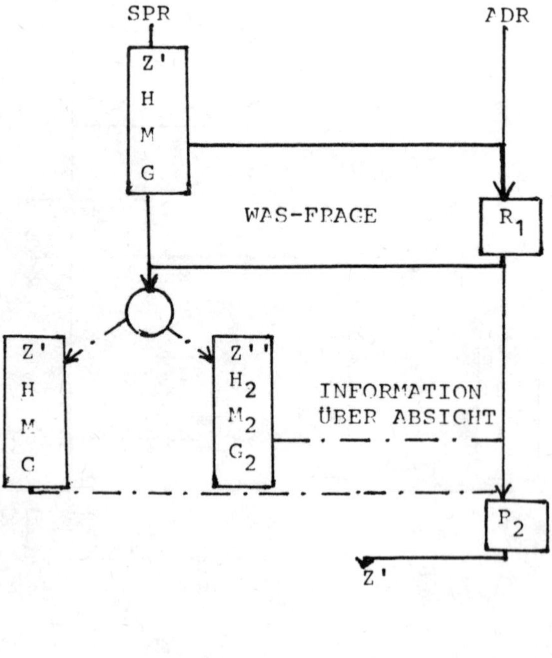

Im folgenden kapitel werden die diskutierten strukturierungsmöglichkeiten an zwei unterschiedlichen theatertexten erprobt und damit zugleich konkretisiert. Zum exemplarischen gegenstandsbereich theatertext werde ich einige grundsätzliche überlegungen vorausschicken.

8. HANDLUNGSZUSAMMENHÄNGE IN THEATERTEXTEN AN ZWEI BEISPIELEN: BRECHT UND MOLIÈRE

8.1. GRUNDSÄTZLICHES ZUM EXEMPLARISCHEN GEGENSTAND THEATERTEXT

Im folgenden sollen zunächst einige vorzüge, die der gegenstand theatertext für die fragestellung dieser arbeit im vergleich zu allen anderen möglichen gegenständen hat, aufgeführt werden.

Mögliche gegenstände wären alltagsdialoge in form schriftlicher wiedergabe von tonbandaufnahmen oder ausschnitten von zeitungsinterviews, bundestagsdebatten u. dgl.; möglich wären auch "alltagsdialoge", die ich auf der basis meiner eigenen kommunikationserfahrung sozusagen rekonstruiert hätte. Diese möglichen gegenstände haben - bezüglich des hier angestrebten ziels - zwei schwerwiegende nachteile:

- einmal stellen sie immer nur ausschnitte aus einem komplexeren kommunikationsgeschehen dar, über dessen zusammenhänge lediglich die agierenden personen in ihrem jeweiligen bewußtsein verfügen. Für den verfasser einer arbeit mit der vorliegenden fragestellung ergäbe sich die notwendigkeit, den gewählten ausschnitt durch angaben verschiedenster art zu vervollständigen. In welchem umfang solche angaben gemacht werden könnten, hinge ab vom wissen des verfassers und von dessen interpretation des jeweiligen kommunikativen geschehens, das der ausschnitt wiedergibt, bzw. wiedergeben soll.
- zum andern haben die zwangsläufige unvollständigkeit des materials und die dadurch notwendigen ergänzungen zur konsequenz, daß der gegenstand immer nur in einer bestimmten verfasserabhängigen interpretation präsentiert werden müßte, die sich einer beurteilungsmöglichkeit durch andere personen als dem materialsammler und -präsentierer im wesentlichen entzieht.

Inwieweit kann man durch die wahl eines gegenstandsbereichs theatertext die angesprochenen nachteile ganz oder bis zu einem gewissen grad ausschalten? Ein theatertext ist die schriftlich fixierte vorlage für die darstellung einer handlungsabfolge auf dem theater. Diese handlungsabfolge, die von einem autor zu bestimmten zwecken erfunden ist, umfaßt im rahmen ihrer fiktionalität eine in sich abgeschlossene - durch anfang und ende markierte - sinnvolle handlungseinheit, was nicht heißen soll, daß uns das dargestellte geschehen nicht außerhalb seiner fiktion sehr sinnlos und unzusammenhängend vorkommen könnte, und was auch nicht heißen soll, daß man sich als zuschauer nach ende einer vorstellung nicht noch vor- oder nachgeschichten zum gerade gesehenen ausdenken könnte.

Olson hat aus literaturwissenschaftlicher perspektive zwei wesentliche bestimmungsmerkmale für dramatische aktion - als gesamt aller in einem stück vorkommenden handlungen - hervorgehoben; sie sind im wesentlichen funktionen der publikumsadressiertheit von bühnenhandlungen:

(1) DIE KONSISTENZ zwischen sichtbaren verhaltensweisen, handlungen und deren inneren bedingungen,

(2) die notwendigkeit, das UNMITTELBARE VERSTEHEN der dargestellten dramatischen aktion durch den zuschauer zu gewährleisten, was soviel heißt wie: durch das vorgeführte allein verständlich, ohne notwendigkeit zusätzlicher kommentare oder erklärungen(1).

Ein theaterstück bildet einen handlungsprozeß ab, der ursachen und wirkungen der dargestellten handlungen in der darstellung der handlungen selbst enthält: der gesamte prozeß als verkettung "... goes off like a string of Chinese firecrackers(2)".

Mit dieser - in der konzeption eines theaterstücks selbst angelegten - erklärbarkeit der dargestellten handlungen aus ihnen selbst heraus, erfüllt ein theatertext in seiner eigenschaft als schriftliche fixierung des theaterstücks im gegensatz zu ausschnitten von alltagskommunikation die bedingung einer gewissen vollständigkeit. Um mißverständnisse zu vermeiden: ich behaupte nicht, daß ein theaterstück in seiner gesamtfunktion aus sich selbst heraus erklärt werden könnte; so kann man fragen wie: warum werden in diesem stück nur diese und keine anderen personen vorgeführt?, warum verfolgen diese personen diese und keine anderen ziele?, warum spielt das stück in einem wirtshaus und nicht in einem palais? nicht anhand des stücks selbst beantworten. Wo etwas spielt, welche personen beteiligt sind, was diese jeweils vorhaben usw. sind umstände, die der zuschauer/

---

(1) OLSON (1966), 19/20; OLSON gibt diese Bestimmung, indem er negativ ausgrenzt, was als dramatische aktion nicht möglich wäre, vgl. 19: *"I pass over a kind which is even more obviously undramatic: actions involving inner conditions which eventuate in no outward behaviour whatsoever."*

(2) OLSON (1966), 65.

leser bereits akzeptiert haben muß, um sich auf das dramatische geschehen überhaupt einlassen zu können. Micht interessiert - im rahmen meiner fragestellung - nicht, WAS in einem theaterstück jeweils thematisiert ist, sondern WIE - unter voraussetzung bestimmter thematisierungen durch die stückautoren - innerhalb des vorgegebenen die einzelnen aufeinander folgenden handlungen miteinander verknüpft sind.

Demgegenüber könnte man einwenden, daß die auf der bühne dargestellten handlungen fiktive handlungen sind. Würde das bedeuten, daß personen in einer fiktiven welt anders, d. h. auf eine andere weise, handeln als personen in einer nicht-fiktiven welt? Kaum. Allenfalls können sie andere arten von handlungen ausführen als personen in einer nicht-fiktiven welt unter den gleichen umständen. Zu beginn von Brechts: 'Im Dickicht der Städte' tritt der holzhändler Shlink zusammen mit seinem gehilfen Skinny auf mit der absicht, gegen den armen bibliotheksangestellten Garga "den kampf zu eröffnen", eine handlung, die - zumal sie vom handelnden nicht begründet wird - reichlich ungewöhnlich erscheinen muß. Ungewöhnlich daran ist nur, DASS er gerade diese handlung ausführt, bzw. ausführen will, nicht jedoch, WIE er sie ausführt: um seine absicht zu realisieren, muß Shlink alle diejenigen regeln befolgen, die für die handlung "gegen jemanden den kampf eröffnen" von gültigkeit sind (3).

Der zuschauer im theater versteht die ihm vorgeführten handlungen immer auf der grundlage seiner eigenen erfahrung mit handlungen/kommunikation über handlungen. Verstanden hat man handlungen dann, wenn man weiß, warum und wozu sie ausgeführt werden, d. h. wenn man sie in einen zusammenhang einordnen kann. Das auf der bühne dargestellte muß allein die möglichkeit zum verstehen von handlungen bieten, da der zuschauer keine über das stück hinausgehenden informationen über den jeweils speziellen handlungsverlauf zu seiner verfügung hat. Er ist auf die verständlichkeit des ihm vorgeführten in bezug zu seinen eigenen erfahrungen angewiesen. Damit soll nicht gesagt sein, daß handlungen auf der bühne leichter verständlich seien als irgendwelche beobachtbaren handlungen unserer alltäglichen umgebung. Da sie innerhalb einer aufführung einmalig und unwiederholbar sind und damit auch - im gegensatz zu handlungen unserer alltäglichen umgebung - nicht selber wieder durch kommunikation problematisierbar, muß die möglichkeit zu ihrem verständnis, zum wissen des zuschauers über das warum und wozu der handlungen, im dargestellten selbst gegeben sein.

---

(3) vgl. weiter unten S. 94 ff.

Aber - welche konsequenz hat die tatsache, daß ein theatertext vorlage für handlungsabfolgen ist, die um eines publikums willen vorgeführt werden sollen, wird man weiterzufragen versucht sein. Bei jeder theateraufführung gibt es - von wenigen experimenten abgesehen - zwei parteien, deren rollen eindeutig festgelegt sind: die an der aufführung aktiv beteiligten und die der aufführung zuschauenden. Die aktiv beteiligten stellen handlungen dar für die zuschauenden. Diese sind eigens zu dieser veranstaltung ins theater gekommen und erwarten, daß ihnen ein handlungszusammenhang vorgeführt wird, den sie als solchen zu verstehen imstande sind. Bei nichttheatraler kommunikation wird man meist zufällig zum beobachter kommunikativer handlungen, die von den jeweiligen agenten zu deren eigenen zwecken ausgeführt werden. Im gegensatz zum zuschauer im theater geht man bei seinen beobachtungen nicht unbedingt von der erwartung aus, daß einem das beobachtete kommunikationsgeschehen verständlich werden muß. Die rolle des beobachters, die man aufgrund einer bestimmten situation oder ganz absichtlich angenommen hat, ist auch nicht ein für allemal festgelegt: der ursprüngliche beobachter kann sie ablegen und zum teilnehmer der zunächst beobachteten kommunikation werden. Ein solcher rollenwechsel ist im theater so gut wie unmöglich: wers trotzdem wagt, wird die erfahrung machen, daß er damit nur ärger auf der bühne und wut im parkett auslösen kann.

Zusammenfassend: nicht-theatrales kommunikationsgeschehen richtet sich im allgemeinen(4) nicht auf beobachter; diese können aber prinzipiell in das kommunikationsgeschehen einbezogen werden - durch die zunächst beobachteten teilnehmer oder durch eigeninitiative. Theatrales kommunikationsgeschehen richtet sich immer auf beobachter; diese können kaum in das kommunikationsgeschehen einbezogen werden, bzw. eingreifen. Für den umgang mit dem gegenstand theatertext bedeutet dies, daß man dessen

---

(4) Ausnahmen sind situationen, in denen die einzelnen kommunikationsteilnehmer nur um ihrer selbstdarstellung vor anderen personen willen handeln, z. b. parties, oder öffentliche diskussionen.
Nicht ausgenommen jedoch sind situationen, in denen z. b. eine person, Anton, zu Fritz in gegenwart von Franz, der Anton hören kann, sagt: *ICH VERSPRECHE DIR, DASS ICH FRANZ NICHT MIT NACH ITALIEN NEHME, WENN ER MIR NICHT NOCH IN DIESEM MONAT MEINE WOHNUNG TAPEZIERT*
und auch will, daß Franz ihn hört. In diesem fall ist Franz kein beobachter mehr, er ist durch Antons sprechhandlung in das geschehen involviert und damit zum teilnehmer geworden.

impliziten bezug auf den zuschauer zu berücksichtigen hat.

Damit zugleich wird eine differenzierung verschiedener aspekte notwendig: ich kann bei einer beschreibung von handlungsabfolgen vom aspekt des aktuellen zuschauers ausgehen, indem ich dessen rezeptionsstand hinsichtlich des jeweils vorgeführten geschehens rekonstruiere, also sukzessive nach dem chronologischen ablauf des stücks vorgehe, oder ich kann vom standpunkt eines beobachters ausgehen, der bereits zuschauer des gesamten stücks war und der sich nicht an dessen chronologischen ablauf zu halten braucht. Auf jeden fall muß der beobachter auch immer einmal zuschauer gewesen sein, sei es als leser eines textes oder als zuschauer einer bühneninszenierung dieses textes.

Wodurch unterscheidet sich nun die rezeption des zuschauers eines bühnengeschehens von der rezeption eines beobachters von nicht-theatralen kommunikationsvorgängen, vorausgesetzt, daß letzterer seine rolle konsequent einhält? In beiden fällen versucht der zuschauer/beobachter zu verstehen, was vor ihm abläuft. Seine bemühungen um verständnis sind m. e. in beiden fällen von den gleichen fragen bestimmt wie z. b.: was wollen die beobachteten personen mit ihren handlungen, mit dem was sie gerade tun? was würde ich an deren stelle damit wollen? warum wollen die personen dieses oder jenes bewirken? usw.
Das heißt, was den weg zum verstehen und damit zum wissen um handlungszusammenhänge angeht, so bieten beide mögliche gegenstände keine unterschiedlichen perspektiven.

Nach den bisherigen überlegungen hat sich die bevorzugung von theatertexten als exemplarische gegenstände noch nicht als nachteilig erwiesen. Die tatsache, daß sie einen differenzierteren umgang erfordern, spricht nicht gegen sie, sie kann allenfalls methodische konsequenzen haben.

Von einer an theatralen kommunikationsprozessen wesentlich beteiligten person war bisher nur beiläufig oder in nebensätzen die rede: vom autor eines theaterstücks. Dieser will im allgemeinen vermittels seines produkts bestimmte kommunikative ziele realisieren. Die frage, welche ziele und warum er gerade diese und keine anderen realisieren will, wird hier ausgeklammert. Es interessiert mich - im rahmen dieser arbeit - nicht, wofür ein theaterstück kommunikatives mittel ist, sondern wie dieses mittel jeweils verwendet wird. Um zu verstehen, wozu etwas mittel ist, muß man erst das mittel selbst verstanden haben. Mittel zur realisierung des ziels eines bühnenautors ist immer die darstellung menschlicher handlungen. Man muß also zunächst verstanden haben, wozu und warum diese handlungen im rahmen ihrer darstellung ausgeführt werden, um weiter fragen zu können: was will der autor damit zu verstehen geben/ erreichen?

Die ausklammerung der frage nach dem kommunikationsbeitrag eines stückautors bedingt zwangsläufig auch eine restriktion der menge der möglichen gegenstände theatertext. Als beispiel für einen text, der für die fragestellung dieser arbeit ausscheiden muß, den folgenden ausschnitt aus Ionescos "Die kahle Sängerin":

Mr. Smith (immer noch mit seiner Zeitung): Schau, da steht, daß Bobby Watson gestorben ist.

Mrs. Smith: Mein Gott, der Arme! Wann ist er dann gestorben?

Mr. Smith: Warum bist du so erstaunt? Du wußtest doch, daß er seit zwei Jahren tot ist. Erinnerst du dich nicht? Wir waren an seiner Beerdigung vor anderthalb Jahren.

Mrs. Smith: Natürlich entsinne ich mich. Es kam mir sofort wieder in den Sinn, aber ich begriff nicht, warum du so erstaunt warst, daß es in der Zeitung steht.

Mr. Smith: Das steht ja gar nicht in der Zeitung. Schon vor drei Jahren hat man von seinem Tod gesprochen. Es kam mir wieder in den Sinn aus ... weil es mir wieder in den Sinn kam!

Mrs. Smith: Schade! Er war so gut erhalten.

Mr. Smith: Er war der schönste Leichnam von Großbritannien! Er schien gar nicht so alt. Der arme Bobby! Er war schon vier Jahre tot und immer noch warm. Ein wahrer lebender Leichnam. Und wie war er doch froh!

Mrs. Smith: Die arme Bobby!

Mr. Smith: Du willst doch sagen: der arme Bobby!

Mrs. Smith: Nein, ich denke an seine Frau. Sie hieß Bobby wie er: Bobby Watson. Weil sie denselben Namen trugen, konnte man sie nicht unterscheiden, wenn man sie zusammen sah. Erst nach seinem Tode hat man wirklich gewußt, wer wer war. Und noch heute gibt es Leute, die sie mit dem Toten verwechseln und ihr kondolieren. Kennst du sie?

Mr. Smith: Ich habe sie erst einmal gesehen - rein zufällig - bei Bobbys Begräbnis.

Mrs. Smith: Ihre Züge sind regelmäßig, doch könnte man nicht sagen, sie sei hübsch. Sie ist zu groß und zu fest. Ihre Züge sind unregelmäßig, doch könnte man sagen, sie sei sehr hübsch. (Die Wanduhr schlägt fünfmal. Langes Schweigen)

Mrs. Smith: Und wann gedenken die beiden zu heiraten?

Mr. Smith: Allerspätestens im nächsten Frühjahr.

Mrs. Smith: Wir werden bestimmt zu ihrer Hochzeit müssen.

Mr. Smith: Ein Geschenk werden wir ihnen machen müssen. Ich frage mich nur, was für eines?

Mrs. Smith: Warum nicht eine von den sieben Silberplatten, die man uns zur Hochzeit geschenkt hat? Die haben wir ja doch nie gebrauchen können. Ein trauriges Schicksal, in so jungen Jahren Witwe zu sein.

Mr. Smith: Zum Glück hatten sie keine Kinder.

Mrs. Smith: Das hätte ihnen noch gefehlt! Was hätte die arme Frau jetzt damit angefangen?

Mr. Smith: Sie ist noch jung. Sie kann sich sehr gut wieder verheiraten. Schwarz steht ihr doch so gut!

Mrs. Smith: Aber wer wird für die Kinder sorgen? Du weißt, sie haben einen Jungen und ein Töchterchen. Wie heißen sie nur?

Mr. Smith: Bobby und Bobby, wie ihre Eltern ...(5)

Dieser ausschnitt ist willkürlich aus dem "Antistück" herausgenommen, ich hätte ebenso gut eine andere passage wählen können, da alle stück-handlungen aus solchen dialog- oder gesprächsfetzen bestehen.

Fragen, die man als zuschauer an auf der bühne vorgeführte handlungsabläufe richtet wie: was wollen die personen mit dem, was sie tun, erreichen? wozu wollen die personen dies erreichen? wieso führen sie gerade diese und keine anderen tätigkeiten zur erreichung ihrer ziele aus? usw. wird man als zuschauer solcher Ionescoschen dialoge sehr bald zu stellen aufhören, da man merkt, daß sie anhand des vorgeführten nicht zu beantworten sind. Es wird für den zuschauer infolge ständiger zerstörung der thematisierten faktizität kein übergreifender zusammenhang deutlich, er wird sich mit der feststellung, daß die vorgeführten personen kein erkennbares ziel verfolgen und nur reden um des redens willen, begnügen müssen. Seine fragen nach dem sinn des bühnengeschehens lassen sich nicht mehr nur mit dem gebotenen anschauungsmaterial beantworten; er muß weiterfragen: wozu führt man mir sowas vor? was will der autor Ionesco damit zu erkennen geben/erreichen usw.

In fällen wie dem zitierten beispiel kann die frage nach dem zusammenhang der dargestellten handlungen nicht ohne

---

(5) Ausschnitt aus:
Programmbuch Nr. 4 des Württembergischen Staatstheaters Stuttgart, 1974. E. Ionesco: Die kahle Sängerin. Dt. v. Serge Stauffer, 11/12.

bezug auf die frage nach dem kommunikationsbeitrag des jeweiligen stückautors beantwortet werden. Trotzdem gilt auch für theatertexte wie der "Kahlen Sängerin" von Ionesco, daß sie für den zuschauer durch den dargestellten handlungsablauf allein verständlich werden müssen. Nur werden sie eben nicht als etwas zusammenhängendes, im positiven sinn "verständliches" verständlich, sondern als etwas unzusammenhängendes, unverständliches verständlich, das als solches gegenstand der thematisierung durch den autor ist. Es versteht sich von selbst, daß theaterstücke, in denen zusammenhanglosigkeit von handlungen thematisiert ist, als gegenstand für eine arbeit, in der über handlungszusammenhänge gesprochen werden soll, nicht infrage kommen können.

Theatertexte sind vorlagen für darstellungen von handlungsabläufen in zweifacher weise: einmal sind sie vorlagen für sinnfällige darstellungen von handlungsabläufen auf der bühne eines theaters, zum andern sind sie vorlagen für vorstellungen von handlungsabläufen im bewußtsein eines jeweiligen lesers. Vorlage für vorstellungsaktivitäten zu sein ist notwendige voraussetzung dafür, vorlage für darstellungsaktivitäten werden zu können. Im rahmen dieser arbeit ist eine beschränkung auf die erste funktion der vorlage notwendig.

Texte, die alltagsdialoge repräsentieren, sind wiedergaben von stattgefundenen handlungsabläufen. Für die vermittlung der beiden textarten als mögliche gegenstände - wobei theatertext auf die funktion, vorlage für vorstellungsaktivitäten zu sein, beschränkt ist - bleibt dieser unterschied jedoch ohne konsequenz. Derjenige, der die gegenstände jeweils im rahmen einer untersuchung präsentiert, muß damit rechnen, daß diejenigen, denen sie präsentiert werden, die zukünftigen leser, nicht zeugen der durch die texte wiedergegebenen alltagsdialoge waren. Für den leser haben beide texte, theatertext wie wiedergabe von alltagsdialogen, die eigenschaft von vorlagen für vorstellungsaktivitäten. Lediglich dem präsentierer des materials bleibt der unterschied bewußt, was jedoch im kommunikativen vermittlungsprozeß keine rolle spielt, da die unterschiedlichen voraussetzungen für leser und präsentierendem verfasser berücksichtigt werden müssen. Die wahl der vorlage theatertext als exemplarischen gegenstand für eine untersuchung über handlungszusammenhänge hat den vorzug, daß sie eine rezeptionsgrundlage abgibt, die leser und verfasser einer untersuchung gleichermaßen unabhängig von spezifischen bedingungen zugänglich ist.

Die überlegungen zum gegenstandsbereich theatertext haben gezeigt, daß die nachteile, die man sich durch die wahl eines gegenstands alltagsdialog in form schriftlicher wiedergabe einhandelt - unvollständigkeit und interpretationsabhängigkeit der präsentation - weitgehend beseitigt werden können, wenn man sich für theatertexte als mögliche gegenstände entscheidet. Allerdings hat diese entscheidung zur folge, daß man den impliziten zuschauer-bezug des gegenstands zusätzlich mitberücksichtigen muß.

8.2. BERTOLT BRECHT: IM DICKICHT DER STÄDTE (S. nr. 1 des textanhangs)

Mit der als beispiel gewählten sequenz wird der zuschauer in das theatrale geschehen des stücks eingeführt. Inwiefern genau diese sequenz einen handlungszusammenhang darstellt, soll im folgenden zunächst aus der perspektive des zuschauers rekonstruiert werden, und zwar aus der perspektive eines zuschauers, der mit dieser eröffnungssequenz zum ersten mal konfrontiert wird, sozusagen eines "naiven"(6) zuschauers.

Für den zuschauer ist mit dem geschehensort einer leihbibliothek und dem personal, Garga als möglicher angestellter oder inhaber der bibliothek und den beiden eintretenden personen Shlink und Skinny als mögliche kunden, eine situation vorgegeben, die bestimmte kommunikative abläufe, z. b. ausleihung eines buchs, verkauf oder verpachtung der bibliothek o. ä. sowie bestimmte thematisierte sachverhalte, z. b. einstellungen zu büchern, leihbibliotheken, ausleihbedingungen o. ä., als möglich erwarten läßt. Welche der erwartbaren möglichkeiten werden im diskursverlauf aktualisiert?

Skinny eröffnet die kommunikation durch einen beitrag (1), der zwei äußerungen enthält. Mit der ersten äußerung trifft er eine feststellung, deren inhalt für den zuschauer wie für den kommunikationspartner Garga offensichtlich ist, mit der zweiten thematisiert er eine handlungsabsicht: *ein Buch ausleihen*, die durch das einleitende *da* - in der bedeutung von "daher"(7) - mit der vorhergehenden äußerung verknüpft ist, derart, daß der umstand, sich in einer leihbibliothek zu befinden, die begründung für die absicht, ein buch auszuleihen, liefert.

---

(6) Dieser ist nur eine methodische orientierung; ich kann mich als interpret eines handlungszusammenhangs, den ich kenne, nicht mehr in den "naiven" zustand der totalen unwissenheit zurückversetzen.

(7) Die möglichkeit der interpretation von *da* als lokaladverb scheint mir noch absurder als die im sinn einer kausalen verknüpfung; sie würde jedoch an den aufkommenden zweifeln des zuschauers nichts ändern.

Genau dieser begründungszusammenhang läßt beim zuschauer zweifel aufkommen an der ernsthaftigkeit und aufrichtigkeit Skinnys, dies in zweifacher hinsicht: einmal ist der inhalt der absichtsbegründung für alle offensichtlich - insofern verstößt Skinny gegen die Gricesche relevanzmaxime -; mit seiner thematisierung wird trotz ihrer formalen verknüpfung mit der handlungsabsicht durch die konjunktion *da* lediglich der anlaß, ein unmittelbar die absichtsrealisierung auslösendes moment, benannt, wodurch weder für den zuschauer noch für Garga eine wirklich informationstragende absichtsbegründung geliefert wird, in der eben auch ein grund für Shlinks und Skinnys erscheinen in der leihbibliothek - als notwendige voraussetzung für ihre absichtsrealisierung - enthalten sein müßte. Zum andern gehört es zu den normativen urteilen einer gesellschaft wie der unsrigen, daß man ein buch nicht deshalb ausleihen will, weil man sich mehr oder weniger zufällig in einer leihbibliothek befindet, sondern aufgrund bestimmter bestehender präferenzen.

Der zuschauer wird nach dem ersten eröffnenden kommunikationsbeitrag Skinnys den weiteren geschehensverlauf unter zwei fragestellungen verfolgen:

(1) warum wollen Shlink und Skinny wirklich ein buch ausleihen?

(2) wollen die beiden tatsächlich (nur) ein buch ausleihen? mit der weiteren perspektive
   (2.1) wenn ja, was bezwecken sie mit der buchausleihung, welches ziel wollen sie auf diesem weg erreichen?
   (2.2) wenn nein, was wollen sie wirklich? warum geben sie zunächst vor, ein buch ausleihen zu wollen?

Garga geht mit (2) auf Skinnys äußerung ein, dessen erwiderung: *ein dickes (Buch)* den zuschauer auf die frage nach der wirklichen absicht Shlinks und Skinnys konzentriert, wobei wiederum normative urteile eine rolle spielen: man setzt seine präferenzen für bücher nicht primär nach deren volumen, sondern ihrem inhalt - es sei denn, man wollte das buch überhaupt nicht lesen, sondern vielmehr zu gewaltsamen übergriffen auf andere personen (vielleicht Garga?) verwenden.

Im vordergrund für die weitere zuschauerrezeption steht jetzt im wesentlichen die frage: was wollen die beiden wirklich?

Gargas reaktionsweise (4) entspricht den verhaltenskonventionen für das verfahren der buchausleihe. Skinny definiert mit (5) für Garga wie für den zuschauer die soziale beziehung zwischen ihm und Skinny als eine zwischen "herr" und "gehilfen". Bis (9) verläuft der dialog zwischen Garga und Skinny in seiner eigenschaft als handlanger Shlinks gemäß einem üblichen buchausleihverfahren. Mit (9): *Nein, Sie sollen wählen* wird der zuschauer in seiner vermutung bestätigt, daß die in (1) thematisierte absicht nicht die wahre absicht Shlinks und Skinnys sein kann; man kann nicht ernsthaft ein buch ausleihen wollen, ohne selbst keinerlei präferenzen für bestimmte bücher zu haben. Garga gibt mit (10) empfehlungen, indem er werturteile über bücher fällt. Skinnys rückfrage (11) thematisiert eine geäußerte negative einstellung Gargas; ob sie tatsächlich als rückversicherung gemeint ist oder nur als rhetorische frage - etwa des feststellenden inhalts: "Sie haben einfach diese einstellung" - ist aufgrund des weiteren diskursverlaufs nicht entscheidbar: Shlink, der zum ersten mal in das kommunikative geschehen eingreift (12), nimmt die gleiche frage in anderer formulierung wieder auf: *Ist das eine Ansicht von Ihnen?*, als rhetorische frage - feststellender art -, wie sein unmittelbar sich daran anschließendes kaufangebot zeigt. An diesem punkt des geschehens wird für den zuschauer deutlich, daß die absicht des buchausleihens keine ernsthafte absicht Shlinks und Skinnys gewesen sein kann und daß das abgewickelte leihverfahren nur ein mittel darstellte zu einem bislang noch unbekannten ziel, denn auch eine von Garga gekaufte ansicht über ein buch kann nicht Shlinks eigentliches ziel sein. Rezeptionsbestimmend für den zuschauer bleibt weiterhin die frage: was wollen Shlink und Skinny mit ihren handlungen erreichen?, speziell: was wollen sie bei Garga erreichen, denn offensichtlich ist dieser in das ziel der beiden akteure involviert.

Garga reagiert mit (13) ablehnend auf Shlinks angebot und weist damit die notwendige voraussetzung der verkäuflichkeit des objekts ansicht zurück. Shlink geht in (14) weiterhin von der käuflichkeit der negativen ansicht aus; seine frage richtet sich auf Gargas bestätigung seiner auffassung, daß lediglich die entsprechende positive ansicht unverkäuflich und verschenkbar sei. Gargas negative antwort (15) ist zugleich eine zweite ablehnung von Shlinks angebot. Skinny versucht daraufhin mit (16) und (18), Garga zur annahme des angebots zu überreden, indem er gründe nennt, die ihn zur annahme veranlassen sollen. Die genannten gründe implizieren negative urteile über Gargas äußere erscheinung wie: "Sie tragen alte/verdreckte wäsche" und "Sie stoßen durch Ihr äußeres Ihre kunden ab", die äußerungen können also auch als beleidigungsversuche interpretiert werden. Garga erwidert den ersten beleidigungsversuch mit einer feststellung (17), die seine soziale position in der leihbibliothek thematisiert. (Damit scheidet für den zuschauer die bis dahin immer noch bestehende möglichkeit, er sei der inhaber der bibliothek, aus.) Die äußerung hat hinsichtlich der strategie Shlinks und Skinnys zugleich die funktion der zurückweisung eines möglichen grundes zur annahme des angebots sowie seiner drittmaligen grundsätzlichen ablehnung. Auf Skinnys zweiten beleidigungsversuch (18) hin reagiert Garga mit der frage (19) nach der auf ihn gerichteten absicht der beiden akteure; er begründet sein unverständnis mit fehlender bekanntschaft zwischen ihm und den beiden. Darüberhinaus ist sein gesamter beitrag (19) als vorwurf zu verstehen, derart: "Sie beleidigen/belästigen mich, obwohl ich Sie überhaupt nicht kenne und Ihnen nichts getan habe" o. ä.

Gargas unverständnis entspricht an diesem punkt des geschehens dem des zuschauers, der die gleiche frage: "Was wollen Shlink und Skinny (als dessen handlanger) von Garga?" an die ihm vorgeführten aktionen stellt. Bei der verfolgung des weiteren geschehens erwartet der zuschauer eine bestätigung oder widerlegung seiner bisher gewonnenen erkenntnisse inform von hypothesen unterschiedlicher bestimmtheit:

(1) Shlink und Skinny wollen etwas negatives von Garga (dies ist bereits eine spezifizierung der inzwischen bestätigten hypothese, daß Garga in das handlungsziel der beiden involviert ist.)

(2) Shlink und Skinny wenden sich an Garga nicht primär in dessen eigenschaft als bibliotheksangestellter, sondern als person

(3) Shlink und Skinny wollen ihr ziel dadurch erreichen, daß sie materielle gegen ideelle werte setzen, d. h. sie versuchen individuelles, in diesem fall: eine bestimmte ansicht haben, zu entindividualisieren, indem sie es durch einen materiellen wert ersetzen. Dies ist teil einer handlungsstrategie, in der beleidigung/demütigung der person Garga ein teilziel darstellen.
(die hier formulierten zuschauerhypothesen sind - analog zu den bedingungen einer handlung - keine sätze über aktualpsychische kognitive zustände, sondern voraussetzungen der rezeption, die u. u. im nachhinein durch kommunikation thematisiert werden können.)

Shlinks äußerung (20), mit der das angebot (12) erneuert und zugleich erhöht wird, bestätigt die zweite und dritte zuschauerhypothese: Shlinks absicht zielt auf die person Garga, das kaufangebot und seine erhöhung sind ein mittel, geeignet als angriffsversuch auf die person. Die konzentration Shlinks auf Garga wird durch dessen gleichgültigkeit dem gegenstand der ansicht gegenüber verdeutlicht. Mit (21) betont Garga nochmal die unverkäuflichkeit seiner ansicht und weist das angebot zum viertenmal zurück. Shlink reagiert darauf, indem er seine gleichgültigkeit auch dem inhalt der ansicht gegenüber ausdrückt und den akzent auf das kaufen als solches legt. Der schluß des zuschauers liegt nahe: es geht Shlink gar nicht um etwas, das Garga - im weitesten sinn - gehört, sondern um seine person, sie soll sozusagen gekauft werden. Nebenbei bemerkt: in einer aktualisierung des textes kann: *außer, daß ich sie kaufen will* interpretiert werden sowohl als: "die ansicht kaufen" wie auch als: "Sie (Garga) kaufen". Der zuschauer ist jetzt zwar imstande, die zurückliegenden handlungen Shlinks und Skinnys mit einem ziel, bzw. einer absicht zu verknüpfen, er kann jedoch darin selbst immer noch kein endgültiges ziel, sondern nur wieder ein mittel zu einem ihm noch unbekannten ziel sehen: mit dem kaufangebot verfolgt Shlink das ziel, bzw. teilziel, Garga zu beleidigen, zu demütigen; die frage, die bestehen bleibt, lautet: wozu?

Gargas erneute weigerung (23) hat die thematisierung seiner finanziellen verhältnisse zur folge, beginnend mit Skinnys frage (24), die den äußerungssinn einer negativen feststellung hat: "Sie sind nicht aus einer transatlantischen millionärsfamilie" (mit dem gedachten zusatz: "sondern sehr arm"). Auf Gargas bestätigung hin (25) reagiert Shlink erfreut mit seiner, von ihm positiv bewerteten, einschätzung Gargas als kämpfer (26). (Wieso er sich darüber freut, bleibt für den zuschauer zunächst unklar; eigentlich sollte man erwarten, daß die hartnäckige weigerung Gargas trotz seiner armut eher das gegenteil bei Shlink bewirkt.)

Skinnys erneutes angebot mit der angabe eines grundes für seine annahme - eine weitere thematisierung der finanziellen und familiären verhältnisse Gargas - stößt wiederum auf ablehnung (28), mit der Garga ausdrückt, daß er die angriffe auf seine person als solche verstanden hat. Shlinks nochmalige angebotserhöhung (29) versteht Garga als erneute beleidigung (30); mit dieser äußerung charakterisiert er rückwirkend den effekt aller angebote und überredungsversuche Shlinks und Skinnys als beleidigungen, und diese wie der zusatz: *Sie wissen es* belegt, als beabsichtigte effekte. (Dies weiß aber auch der zuschauer schon lange.) Einen neuen überredungsversuch Shlinks (31), von einer warnung Skinnys (32) gefolgt, kontert Garga mit einer drohung (33).

Der zuschauer weiß jetzt: Shlink und Skinny wollen Garga - salopp gesprochen - 'fertigmachen', notfalls mit gewalt. Für das weitere geschehen gibt es zwei möglichkeiten, die bei der rezeption gleichermaßen beachtet werden:

(1) entweder: es ist Shlinks und Skinnys einzige absicht, Garga 'fertigzumachen'

(2) oder: diese absicht ist einer oder mehreren weiteren absicht(en) untergeordnet

Im ersten fall stellt sich dem zuschauer die frage nach dem warum dieser absicht, er betrachtet das folgende mit dem anspruch Shlinks und Skinnys handlungsgründe zu erfahren. Im zweiten fall verfolgt der zuschauer das weitere geschehen mit dem anspruch zu erfahren, für welches ziel/welche ziele die absichtsrealisierung des 'fertigmachens' ein mittel ist.

In beiden fällen erfolgt die verknüpfung der vorausgegangenen sequenz mit der folgenden auf der grundlage des zuschauerwissens über den zusammenhang zwischen voraussetzungen und ausführbarkeit von handlungen: im ersten fall sind die voraussetzungen gründe für die ausführung der handlung - zustandsannahmen oder präferenzen der handelnden personen - im zweiten fall sind die voraussetzungen ihrerseits handlungen, die von Shlink und Skinny notwendig ausgeführt werden müssen, um voraussetzungen für eine oder mehrere spätere handlungsausführung(en) zu schaffen.

Skinny macht einen weiteren überredungsversuch inform eines vorwurfs (34). Shlink bringt eine bisher unbekannte person ins spiel, indem er eine aussage dieser person über einen wunsch Gargas erwähnt.

Auf diesen erneuten überredungsversuch reagiert Garga (36) in gleicher weise wie der zuschauer, der außerdem über die art der beziehung zwischen Garga und Jane Larry im unklaren ist. Shlink gibt mit seiner folgenden äußerung (37) zu verstehen, daß er über die näheren umstände der genannten person sehr gut informiert ist. Weshalb Garga daraufhin einen stapel bücher fallen läßt, bleibt der interpretation des lesers überlassen; es kann als reaktion auf den inhalt der äußerung verstanden werden, aber auch auf die mit ihr zum ausdruck gebrachte tatsache, daß Shlink so gut über Jane Larry unterrichtet ist. Für den zuschauer hat sich bis zu diesem punkt des geschehens herausgestellt, daß die vorgehensweisen Shlinks und Skinnys weitgehend situationsunabhängig sind, daß sie vorausgeplant waren: die beiden akteure verfolgen eine im voraus ausgeklügelte strategie, deren ziel aber nach wie vor unklar bleibt.

Skinny thematisiert mit seiner warnung (38) Gargas untergeordnete stellung in der leihbibliothek und gibt damit zu verstehen, daß er und Shlink die stärkeren sind. Garga bestätigt es mit (39): er ist den beiden gegenüber machtlos. Shlink unternimmt einen neuen überredungsversuch (40), dessen thema Garga aufnimmt (41); dadurch, daß er lediglich auf das in der äußerung wörtlich gesagte, aber nicht auf ihren kommunikativen sinn, eingeht, gibt er zu verstehen, daß er das angebot nach wie vor ablehnt. Daraufhin versucht Shlink, sein ziel durch eine explizite aufforderung (42) zu erreichen. Skinny unterstützt ihn dabei (43) in der gleichen weise wie schon früher durch die rhetorische frage (24): *Sind Sie aus einer transatlantischen Millionärsfamilie?* Shlink thematisiert mit (44) die einstellung der nachbarn zu Garga und drückt zugleich dessen machtlosigkeit aus, die Garga mit (45) zugibt. Für den zuschauer wird damit der bei Garga erzielte effekt der handlungen Shlinks und Skinnys nur noch intensiviert; die erwartung, ihre handlungsgründe oder ihr primäres ziel zu erfahren, bleibt nach wie vor rezeptionsbestimmend.

Shlink fährt in feststellender weise fort (46), auf die Garga thematisch weiterführend eingeht (47). Diese dialogsequenz wiederholt sich mit (48) und (49). (Der zuschauer erfährt, daß die bereits erwähnte Jane Larry Gargas geliebte ist.) Shlinks vorwurf (50) ist für den zuschauer, aber nicht für Garga unverständlich. Durch Shlinks nachgelieferte begründung für Gargas unterlassung (52) wird die vermutung nahegelegt, daß der vorwurf Gargas schweigen über die prostitution seiner geliebten gilt und damit zugleich auch Gargas hartnäckiger verweigerung seiner eigenen verkäuflichkeit. Garga wechselt das thema, indem er kommentare über mögliche präferenzen abgibt (53), auf die Shlink einzugehen scheint (54). Erneuter themenwechsel bei Garga: im kontrast zu (54) die feststellung alltäglicher umstände,dies wohl mit der funktion, die kommunikation ganz abzubrechen. Shlink reagiert darauf mit der offenen kampferklärung, die dem zuschauer eine erste antwort auf die frage nach dem ziel der beiden akteure gibt, dem alle vorausgegangenen handlungen untergeordnet werden können.

Abschließend gebe ich eine kurze übersicht über den rezeptionsverlauf beim zuschauer (s. folgende seite):

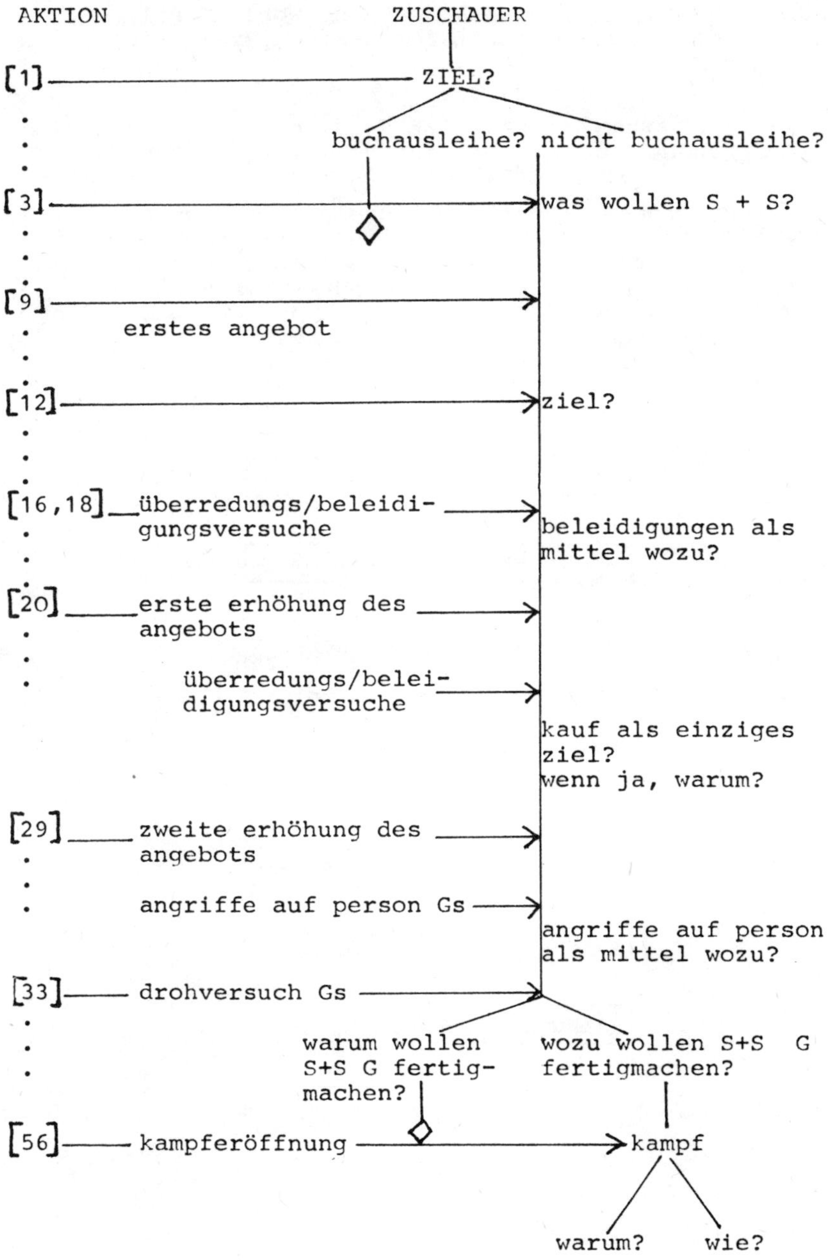
AKTION
ZUSCHAUER
[1]
ZIEL?
buchausleihe?
nicht buchausleihe?
[3]
was wollen S + S?
[9]
erstes angebot
[12]
ziel?
[16,18]
überredungs/beleidi-
gungsversuche
beleidigungen als
mittel wozu?
[20]
erste erhöhung des
angebots
überredungs/belei-
digungsversuche
kauf als einziges
ziel?
wenn ja, warum?
[29]
zweite erhöhung des
angebots
angriffe auf person Gs
angriffe auf person
als mittel wozu?
[33]
drohversuch Gs
warum wollen
S+S G fertig-
machen?
wozu wollen S+S G
fertigmachen?
[56]
kampferöffnung
kampf
warum?
wie?

So unvollständig - und streckenweise wohl mühselig - mein rekonstruktionsversuch der zuschauerrezeption auch sein mag, so hat er m. e. doch zweierlei gezeigt:

(1) der zuschauer begreift die handlungsabfolge als zusammenhang aufgrund der annahme, daß sie einem bestimmten ziel unterstellt sein muß,

(2) der zuschauer ordnet die einzelnen handlungen, bzw. sequenzen einzelner handlungen, einander zu, indem er sie - jeweils im nachhinein - in eine ziel-mittel-relation setzt, deren endpunkt ein ziel darstellt, zu dem alle mit ihm verknüpften handlungen gleichermaßen in einer mittelbeziehung stehen. Für den gesamtablauf ergibt sich die folgende struktur:

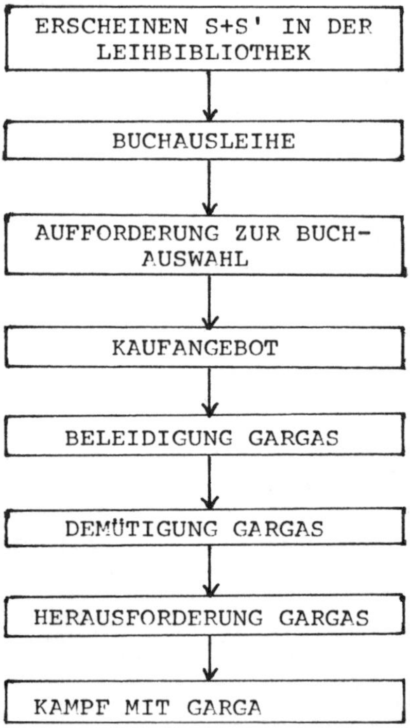

<u>Zeichenerklärung:</u>

↓=: dient zu/ist mittel für
Mit den benennungen in den kästchen sind handlungssequenzen unterschiedlicher länge zusammengefaßt.

Mit der äußerung des ziels von Shlink, gegen Garga zu kämpfen, ist die mittel-ziel-hierarchie der einzelnen handlungen, bzw. handlungsabfolgen, zunächst abgeschlossen. Alle von den beiden akteuren ausgeführten handlungen sind nur über dieses ziel mit weiteren handlungen, die zu seiner realisierung ausgeführt werden, verknüpfbar, z. b. ist das kaufangebot nicht ohne die zwischenstadien der beleidigungs- und überredungsversuche sowie der kampferöffnung selbst zu Shlinks erster kampfhandlung, mit der er Garga der dienstverweigerung bezichtigt *(Ihr Mann streikt)*, in beziehung zu setzen.

Die realisierung des ziels - Shlinks kampf gegen Garga - kann ihrerseits nicht als mittel zur erreichung eines noch unbekannten übergeordneten ziels verstanden werden, über das der zuschauer durch die folgehandlungen aufschlüsse erwartet: eine handlung des typs "gegen jemanden kämpfen" ist in bezug zu ihren möglichen zielen eindeutig. Der zuschauer wird an die weitere aktion nicht mehr die frage nach dem wozu stellen, sondern vielmehr nach dem wie der ausführung und nach dem warum; die perspektive, unter der das vorgeführte geschehen betrachtet wird, hat sich geändert.

Wie ist der zusammenhang zwischen den handlungen vom standpunkt eines beobachters aus, der sich nicht ausschließlich am chronologischen ablauf des geschehens orientieren muß, zu erklären? Sind die handlungen, die Shlink und Skinny ausführen, beliebig, d. h. hätten sie auch andere handlungen zur erreichung ihres ziels ausführen können?

Eine äußerung des typs wie (56): *Und an diesem Vormittag, der nicht wie immer ist, eröffne ich den Kampf gegen Sie* ist voraussetzung für die realisierbarkeit von Shlinks ziel. Die kampferöffnung hat zugleich aufforderungscharakter, da durch den ausdruck *Kampf* präsupponiert ist, daß der adressat ebenfalls kämpft: man würde kaum von jemandem sagen: *ER KÄMPFT MIT EINER PERSON A,* wenn diese sich dabei total passiv verhielte. Mit der performativen formel: *ich eröffne den Kampf gegen Sie* wird vorausgesetzt, daß der kampf erklärt ist, was wiederum voraussetzt, daß der angesprochene im weitesten sinn dazu aufgefordert worden ist zu kämpfen. Da Shlink keine der voraussetzungen zuvor verbalisiert hat, werden sie mit der kampferöffnung geschaffen, d. h. die äußerung hat die dreifache funktion von:

(1) kampfaufforderung
(2) kampferklärung
(3) kampferöffnung

wobei (3) (2) und (2) (1) jeweils notwendig voraussetzen.

Um die äußerung in allen drei funktionen mit aussicht auf

erfolg verwenden zu können, muß Shlink eine reihe von bedingungen erfüllen, bzw. mit grund davon ausgehen, daß er sie erfüllt. Ich werde zunächst auf die bedingungen für die grundlegende voraussetzung der aufforderungshandlung eingehen.

(1) Kampfaufforderung
Es gelten die folgenden absichts- bzw. intentionsbestimmten bedingungen zur realisierung des ziels: ADR kämpft

(1) SPR will vermittels seiner äußerung/seinen äußerungen bewirken, daß ADR kämpft
(2) SPR will, daß ADR erkennt, daß (1)
(3) SPR will, daß ADR erkennt, daß (2)

Die absicht und die - aus ihr abgeleiteten - intentionen kann SPR vernünftigerweise nur dann haben, wenn er mindestens auch noch die folgenden spezifischen hörerbezogenen bedingungen für den handlungstyp auffordern erfüllt:

(4) SPR geht mit grund davon aus, daß ADR nicht außerstande ist zu kämpfen
(5) SPR geht mit grund davon aus, daß ADR nicht unwillens ist zu kämpfen(8)
(6) SPR geht mit grund davon aus, daß ADR gute gründe hat zu kämpfen
(7) SPR geht mit grund davon aus, daß ADR imstande ist zu erkennen, daß (4) bis (6)

Zu beginn der aktion kann Shlink von keiner dieser hörerseitigen bedingungen mit grund ausgehen. Wenn er Garga mit aussicht auf erfolg zum kampf bewegen will, muß er zunächst die fehlenden bedingungen schaffen. Dies setzt wiederum einen anlaß voraus, eine situation, in der es möglich ist, den unbekannten Garga in einen kommunikationszusammenhang zu verwickeln, ohne daß dieser jederzeit die weitere kommunikation verweigern könnte. Dafür eignet sich der öffentlich zugängliche ort einer leihbibliothek besonders, da Garga in seiner eigenschaft als angestellter bestimmte konventionen einhalten muß, zu denen es u. a. gehört, daß man sich einem kunden gegenüber nicht kommunikationsverweigernd zu verhalten hat.

Shlink muß also - in analogie zu den ihm fehlenden handlungsbedingungen - zunächst die ziele verfolgen:

---

(8) Ich habe für diese bedingungen bewußt die negativen formulierungen gewählt, um damit eine parallelität zu den möglichkeiten von indirekten aufforderungsformulierungen (durch fragen, verneinte fragen, aber nicht durch positive feststellungen der fähigkeit und bereitschaft von ADR) zu betonen.

(Z4) S (=Shlink) geht mit grund davon aus, daß G (= Garga) nicht außerstande ist zu kämpfen

(Z5) S geht mit grund davon aus, daß G nicht unwillens ist zu kämpfen

(Z6) S geht mit grund davon aus, daß G gute gründe hat zu kämpfen

Seine handlungsstrategie hinsichtlich der hörerseitigen bedingungen ist die folgende:

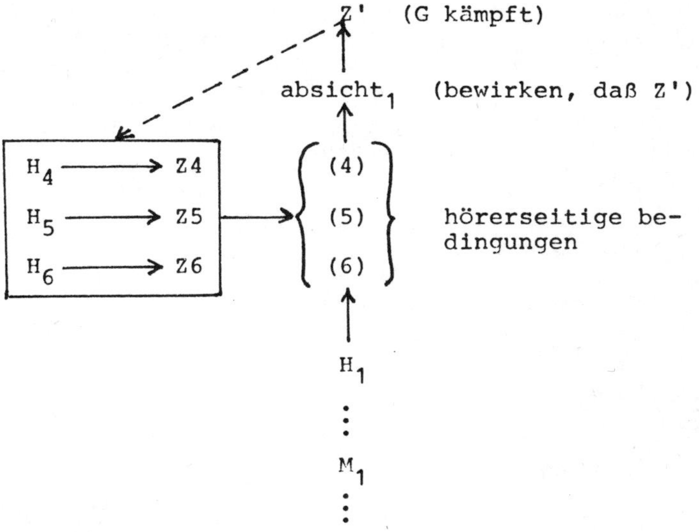

Zeichenerklärungen:

a → b =: a bedingt unmittelbar b

a --→ b =: a bedingt b mittelbar (über c)

b
↑ =: a setzt b voraus
a

Das ziel Z6 und bedingung (6) beziehen sich auf die begründbarkeit der verlangten handlung durch G. Im gegensatz zu anderen aufforderungshandlungen, bei denen es keine rolle spielt, ob der sprecher mit grund davon ausgeht, daß es außer der vollzogenen aufforderung selbst für den hörer noch gründe gibt, die verlangte handlung auszuführen, wird in diesem fall durch den hohen grad an zumutbarkeit der verlangten handlung eine solche sprecherannahme notwendig. Der grad an zumutbarkeit ist abhängig von bewertungen einer handlung wie "leicht ausführbar", "schwer ausführbar", "ausführung gefährlich", "ausführung risikoreich" usw. Bei aufforderungen zu handlungsausführungen mit geringem grad an zumutbarkeit ist die tatsache, daß der sprecher die handlung will, hinreichend als grund für ihre ausführung durch den angesprochenen, bei aufforderungen zu handlungsausführungen mit hohem grad an zumutbarkeit müssen darüber hinausgehende gründe für den hörer angenommen werden oder ihm vom sprecher - u. u. rechtfertigend - nachgeliefert werden(9).

Mögliche gute gründe für die ausführung einer handlung "gegen jemanden kämpfen" sind (aus der perspektive von SPR):

(6a) zwischen SPR und ADR hat in der vergangenheit ein ereignis/eine handlung stattgefunden, das/die oder dessen/deren ergebnis oder folgen zu einer negativen einstellung ADRs gegenüber SPR geführt hat/haben.

(6b) ADR hat zum zeitpunkt der äußerung eine negative einstellung gegenüber SPR

(6c) ADR geht mit grund davon aus, daß SPR ebenfalls eine negative einstellung gegenüber ADR hat (SPR kann kaum davon ausgehen, daß ADR allein aufgrund seiner äußerung zu dieser einstellung gelangt)

(2) Kampferklärung
Ein sprecher, der die äußerung

(1) ICH ERKLÄRE (HIERMIT) DEN KAMPF GEGEN SIE

- in der expliziten formulierung einer kampferklärung - verwendet, muß alle hörerseitigen bedingungen erfüllen, die auch für die durch die äußerung vorausgesetzte aufforderung gelten. Darüber hinaus muß der sprecher die spezielle bedingung der absicht, den kampf zu beginnen, erfüllen.

(3) Kampferöffnung
Mit der äußerung in der expliziten formulierung:

(2) ICH ERÖFFNE (HIERMIT) DEN KAMPF GEGEN SIE

führt ein sprecher bereits eine teilhandlung der gesamthandlung kämpfen aus, er nimmt nicht nur proponierend auf sie bezug wie in den fällen der aufforderung und erklärung, sondern tritt mit dem äußern bereits in den handlungsvollzug ein. Es gelten alle genannten bedingungen.

---

(9) Es scheint mir deshalb zweifelhaft, ob man - wie bei sprechaktuntersuchungen üblich - zu adäquaten ergebnissen kommt, wenn man die jeweils verlangte handlung für alle fälle von aufforderungen immer mit der variablen p belegt.

Die sprecherseitigen absicht- und intentionsbestimmten bedingungen sind abhängig von der erfüllung hörerseitiger bedingungen. Shlinks handlungsstrategie ist also daraufhin zu untersuchen, wie er diese bedingungen für sich herstellt. Von interesse ist dabei nicht nur die frage, durch welche art von kommunikativen handlungen er dies mit welchen mitteln und formulierungen tut, sondern auch die frage, in welcher reihenfolge die bedingungen jeweils geschaffen werden. In einer semantischen bestimmung von auffordern stehen die einzelnen bedingungen in einem konjunktionsverhältnis zueinander(10); in einer handlungstheoretisch orientierten bestimmung setzt bedingung

(5) SPR geht mit grund davon aus, daß ADR willens ist zu kämpfen

bedingung

(4) SPR geht mit grund davon aus, daß ADR imstande ist zu kämpfen

sowie bedingung

(6) SPR geht mit grund davon aus, daß ADR gute gründe hat zu kämpfen
(mit den speziellen explikationen 6a bis 6c)

handlungslogisch voraus, während bedingungen (4) und (6) untereinander in einem konjunktions-verhältnis stehen. Vorausgesetzt sind alle drei bedingungen durch

(7) SPR geht mit grund davon aus, daß ADR imstande ist zu erkennen, daß (4) bis (6)

Wirken sich diese unterschiedlichen gegenseitigen bedingungsverhältnisse bei einer handlungsstrategie aus, durch die die einzelnen bedingungen gesichert werden sollen, z. b. derart, daß sie in einer entsprechenden reihenfolge in nacheinander verfolgte - und als solche bestimmbare - handlungsziele eingehen oder stellen sie ein komplexes handlungsziel dar, das durch verschiedene handlungen verfolgt wird?

Grundlegende voraussetzung für die realisierbarkeit von Shlinks handlungsstrategie ist die herstellung eines kommunikativen zusammenhangs, dem sich Garga nicht von vornherein verweigern kann.

Skinny, der als Shlinks handlanger die erforderlichen eingangsbedingungen schafft, kann sich dabei auf konven-

---

(10) Z. b. werden bei SEARLE (1975) und GORDON/LAKOFF (1975) zwar einzelne typen von bedingungen unterschieden wie:
Preparatory condition
Sincerity condition
Propositional content condition
Essential condition
Es werden aber weder die einzelnen bedingungen noch die jeweiligen bedingungsklassen in irgendeinem abhängigkeitsverhältnis zueinander gesehen.

tionen stützen, die einzuhalten Garga aufgrund seiner stellung in der leihbibliothek verpflichtet ist. Er durchbricht den konventionalen rahmen durch die aufforderung (9), der Garga mit äußerung (10) nachkommt. Diese liefert den anlaß für Shlinks angebot (12), das einen ersten versuch darstellt, bedingung (6a) zu schaffen. Gargas zurückweisung (13) ist eine erste garantie für die mögliche sicherung dieser bedingung durch das vollzogene angebot. Die überredungsversuche Skinnys (16) und (18) haben in ihrer gleichzeitigen eigenschaft als beleidigungsversuche bereits eine dreifache funktion:

(1) das angebot wird trotz Gargas zurückweisung als bestehend aufrechterhalten
(2) bedingung (6b) - Gargas negative einstellung den beiden akteuren gegenüber - wird durch sie zu schaffen versucht
(3) bedingung (6c) - als voraussetzung für Gargas erkenntnis einer negativen einstellung der beiden ihm gegenüber - wird durch sie zu schaffen versucht.

Mit Gargas reaktion (19) wird die mögliche effizienz der eingesetzten mittel - kaufangebot und beleidigungsversuche - bestätigt. Shlinks erhöhung des angebots (20) und beurteilung des verhandelten objekts (22) sind ebenfalls mehrfunktional zu interpretieren: als versuche, zugleich bedingung (6a), (6b) und (6c) zu schaffen bzw. zu sichern, sowie als versuche, bedingung (4) - eine begründung für die annahme, daß Garga imstande ist zu kämpfen - zu schaffen. Diese interpretation ist deshalb gerechtfertigt, weil man als beobachter, der Shlinks wahre absicht kennt, weiß, daß dieser mit seinen wiederholten angeboten, den beurteilungen ihres objekts sowie ihren erhöhungen Gargas reaktionen testen, aber keinesfalls eine einwilligung erreichen will; mit seinem angebot und der erklärung, etwas ihm völlig gleichgültiges kaufen zu wollen, fordert er Gargas weigerungen geradezu heraus, sie werden genau in dieser absicht geäußert. Durch eine weigerung gibt ein sprecher im allgemeinen zu verstehen, daß er nicht willens ist, einer zum ausdruck gebrachten absicht eines partners nachzukommen, sei es daß er dies nicht kann oder nur nicht will. Gargas weigerungen, auf die Shlink abzielt, sind diesem ein indiz für seine widerstandsfähigkeit und damit für seine fähigkeit, den kampf mit ihm aufzunehmen; sie geben ihm grund zur notwendigen annahme, daß Garga imstande ist zu kämpfen/sich zu wehren (und damit zugleich auch bereits zu vermutungen über Gargas kampfwille).

Die folgenden überredungs/beleidigungsversuche Shlinks und Skinnys von (24) bis einschließlich (31) lassen sich im rahmen der verfolgten handlungsstrategie als äußerungen interpretieren, mit denen Gargas erneute weigerung bewirkt werden soll, einen effekt, den sie auch tatsächlich erzielen. In diesem stadium kann bedingung (6a) aufgrund von Gargas gezeigten reaktionen als bereits gesichert angenommen werden.

Durch Skinnys drohung (32) wird eine neue phase der handlungsstrategie eingeleitet, die mit Shlinks kampferöffnung (56) endet. Ab (12) haben sich die beiden akteure mit allen folgenden äußerungen immer unmittelbar auf das vorgebrachte angebot bezogen, sei es als erneuerung, als erhöhung oder als versuch, zur annahme zu überreden; jetzt werden von Skinny persönliche drohungen, von Shlink vorwürfe geäußert, die nur mittelbar - über Gargas geäusserte weigerungen - mit dem ursprünglichen angebot zusammenhängen. Die versuchten angriffe auf Gargas person, von Shlink vor allem durch die kundgabe seines wissens über Gargas nähere lebensumstände als solche gekennzeichnet, zielen auf herausforderung der person; an den reaktionen darauf läßt sich beurteilen, ob Garga grundsätzlich willens ist zu kämpfen und ob er die aktionen Shlinks und Skinnys als gründe für sein handeln zu erkennen grundsätzlich imstande ist. Zusätzlich zur weiteren sicherung von bedingungen (6b) und (6c) und (4) werden mit (32) bis (55) bedingungen (5) und (7) geschaffen und gesichert.

Insgesamt ergibt sich der folgende bedingungszusammenhang, der durch die von Shlink und Skinny vollzogenen handlungen hergestellt bzw. gesichert wird.

[EINGANGSBEDINGUNGEN] --> [(6a)] --> [(6a) $\wedge$ (6b) $\wedge$ (6c)] --> [(6a) $\wedge$ (6b) $\wedge$ (6c) $\wedge$ (4)] --> [(6b) $\wedge$ (6c) $\wedge$ (4)] --> [(6b) $\wedge$ (6c) $\wedge$ (4) $\wedge$ (5) $\wedge$ (7)]

<u>Zeichenerklärungen:</u>

$\wedge$: konjunktion von bedingungen

Die zur äußerung (56) erforderlichen absichts- und intentionsbestimmten bedingungen (1) bis (3) sind durch die herstellung ihrer begründungsmöglichkeit für den handelnden Shlink gesichert. Die betrachtete textsequenz umfaßt insgesamt die folgenden handlungskomplexe (HK), mit denen die für das äußern von (56) notwendigen bedingungen geschaffen und gesichert werden (s. nächste seite):

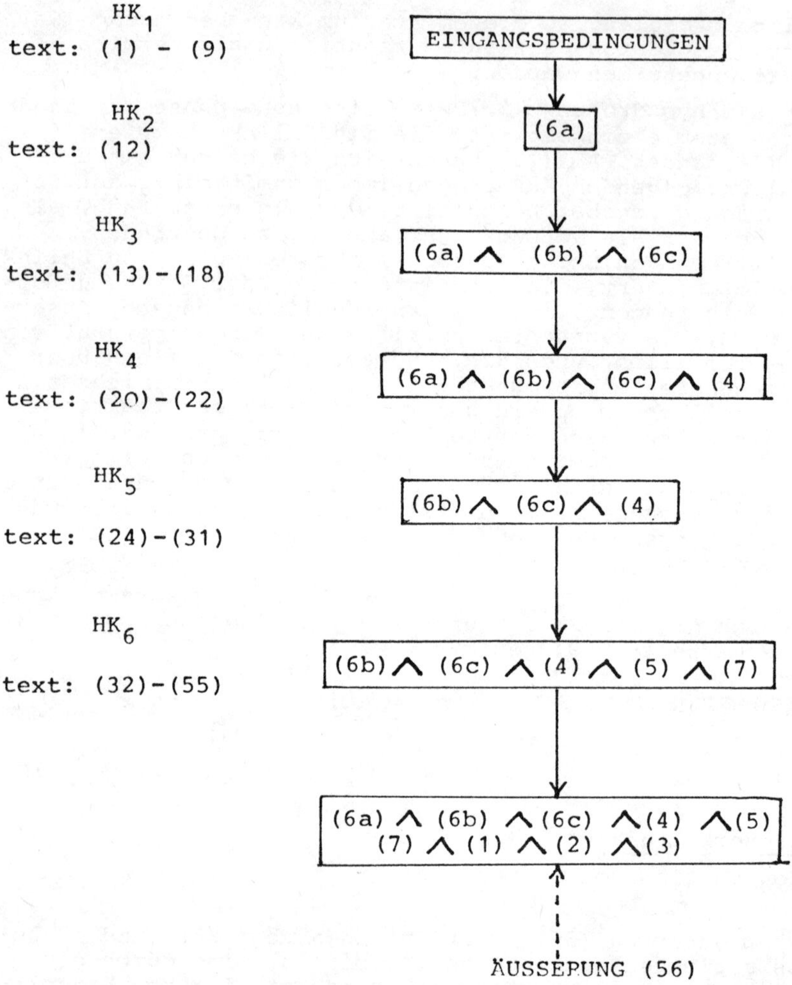

<u>Zeichenerklärungen:</u>

↓ abfolge

↑ setzt voraus

Mit der vorgenommenen einteilung werden schwerpunkte gesetzt, ohne daß diese eine eindeutige textinterpretation notwendig implizieren müssen. Aus Shlinks äußerung (56) kann das ziel, das mit den vorausgegangenen handlungen der beiden akteure verfolgt wird, erschlossen werden. Jede einzelne handlung ist ein mittel zur erreichung dieses ziels. Eine differenzierung der einzelnen mittel habe ich über das verhältnis von voraussetzungen zur ausführbarkeit der handlung, das äußern von (56), angestrebt. Daß die notwendigen voraussetzungen durch die handlungen, die (56) vorausgehen, geschaffen bzw. gesichert werden, kann problemlos behauptet werden; dies geht schon aus den reaktionen des behandelten Garga hervor. Problematischer ist die festsetzung einer bestimmten abfolge, in der die einzelnen bedingungen geschaffen bzw. gesichert werden. Weiter oben habe ich betont, daß es ein besonderes ökonomieprinzip kommunikativen handelns sei, daß man ein sprachliches mittel zur erreichung mehrerer unterschiedlicher ziele verwenden könne, daß es keine eins-zu-eins-relation zwischen mitteln und zielen gebe. Dies gilt sowohl für einen jeweils handelnden als auch für dessen partner und einen dritten beobachter, und dies gilt auch für die zuordnung verwendeter mittel zu bekannten zielen. Im fall der betrachteten handlungssequenz weiß der beobachter (d. i. der ehemalige zuschauer, der die handlungen unabhängig von ihrem zeitlichen verlauf beurteilt), daß Shlink mit seinen handlungen mehrere ziele zugleich verfolgt, die der schaffung bzw. sicherung von begründungsmöglichkeiten der für das äußern von (56) notwendigen annahmen dienen. Auf welches dieser ziele sich welches mittel eindeutig bezieht, dürfte schwierig sein anzugeben. Eine solche bestimmung ist nur annähernd und mit einschränkungen zu leisten; die erforderlichen einschränkungen beziehen sich einmal auf eine zulassung möglicher alternativen, zum andern auf eine zulassung gleichzeitig möglicher ziele. Z. b. kann das kaufangebot (12) bereits als beleidigungsversuch und damit als versuch, bedingung (6a) oder (6b) oder (6c) zu schaffen, interpretiert werden; Shlinks wiederholte angebote und überredungsversuche (20) - (31) können gleichzeitig auch als versuche, Gargas kampfbereitschaft zu testen, beurteilt werden.

Ich bin bei meiner analyse vom handlungslogischen abhängigkeitsverhältnis der einzelnen bedingungen ausgegangen und habe versucht, eine antwort auf die frage zu finden, ob und wie sich dieses abhängigkeitsverhältnis an der betrachteten handlungsfolge feststellen läßt. Eine eindeutige zuordnung einzelner äußerungen zu jeweils einem ziel ist - außer im fall des kaufangebots (12) - nicht möglich. Dieses würde ich nicht auch alternativ als beleidigungsversuch interpretieren, da es lediglich als freibleibendes angebot inform einer frage formuliert ist. Alle folgenden äußerungen Shlinks und Skinnys sind weder eindeutig auf nur ein ziel hin zu beurteilen noch kann man einzelne handlungskomplexe so voneinander abgrenzen, daß die mit ihnen verfolgten ziele als jeweils einander ausschließende bestimmt werden können. Trotz dieser schwierigkeiten habe ich eine annähernde - schwerpunkte setzende - bestimmung von handlungskomplexen im bezug zu bestimmten - meist gleichzeitigen zielen - versucht. Damit ist eine - theoretisch vorbestimmte - interpretationsmöglichkeit der handlungsabfolge (damit auch des textes) expliziert, die weitere möglichkeiten nicht notwendig ausschließen soll.

Mit dem folgenden schema soll die komplexität der ziel-mittel-relationen in Shlinks handlungsstrategie nochmals abschließend verdeutlicht werden (s. nächste seite):

Zeichenerklärungen (zu folgendem schema):

b
↑, b←a =: a setzt b voraus
a

a
↓, a→b =: a bedingt b
b

die speziellen bedingungen sind in ihrer handlungslogischen abfolge aufgeführt

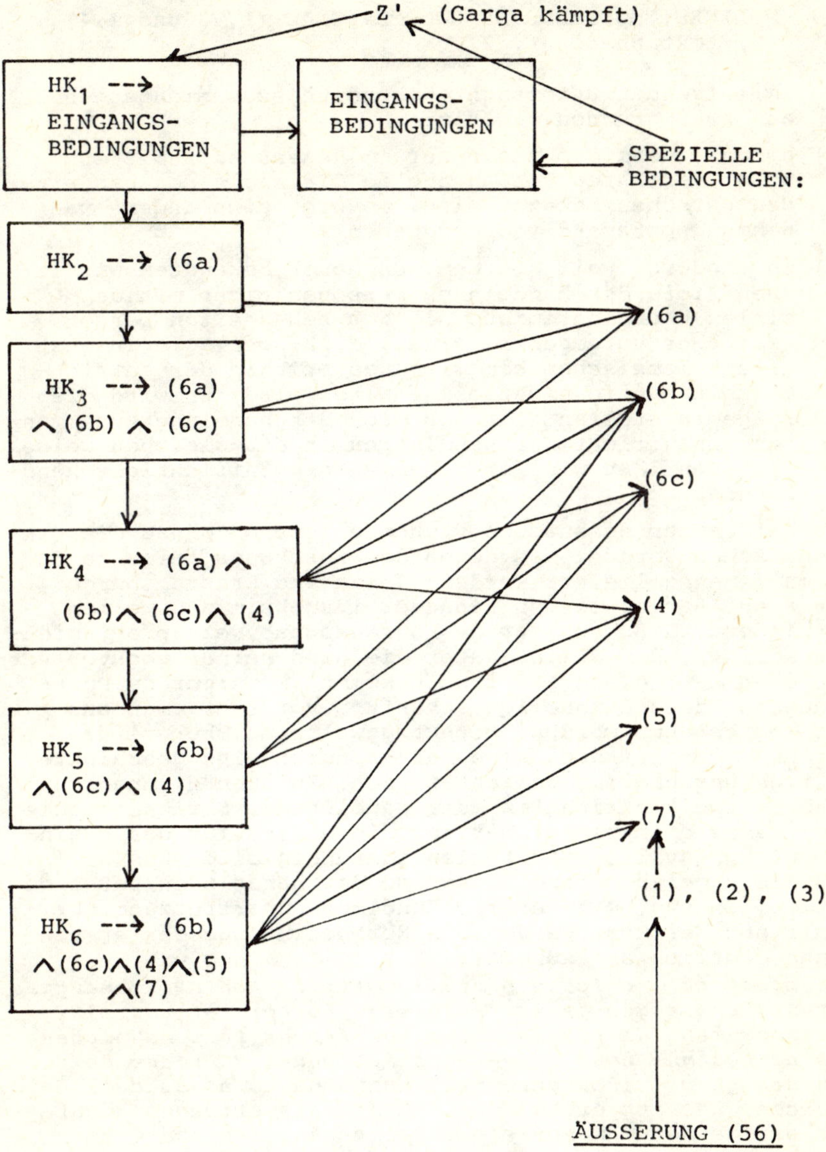
Z' (Garga kämpft)
HK$_1$ --> EINGANGS-BEDINGUNGEN
EINGANGS-BEDINGUNGEN
SPEZIELLE BEDINGUNGEN:
HK$_2$ --> (6a)
HK$_3$ --> (6a) ∧ (6b) ∧ (6c)
HK$_4$ --> (6a) ∧ (6b) ∧ (6c) ∧ (4)
HK$_5$ --> (6b) ∧ (6c) ∧ (4)
HK$_6$ --> (6b) ∧ (6c) ∧ (4) ∧ (5) ∧ (7)
(6a)
(6b)
(6c)
(4)
(5)
(7)
(1), (2), (3)
ÄUSSERUNG (56)

8.3 MOLIERE: MONSIEUR DE POURCEAUGNAC (I, 3 und I,4) (S. textanhang nr. 2)

Den im folgenden untersuchten handlungszusammenhang habe ich aus zwei gründen gewählt:

(1) einmal, weil dem zuschauer im gegensatz zum Brechtschen verfahren von anfang an die ziele der handelnden personen bekannt sind, wodurch eine andere wahrnehmungsperspektive vorgegeben ist,

(2) zum andern, weil die dem zuschauer bekannten wirklichen ziele der handelnden personen nicht mit den zielen übereinstimmen, die der behandelten person gegenüber vorgegeben werden, d. h. weil wie in fast allen klassischen komödien das prinzip der aufrichtigkeit häufig nicht eingehalten wird. Es wird die frage zu stellen sein, ob sich der handlungszusammenhang unaufrichtiger handlungen in der gleichen weise erklären läßt wie der zusammenhang aufrichtiger handlungen.

Den beiden zur diskussion stehenden szenen gehen die eingangsszenen voraus, mit denen dem zuschauer folgende informationen geliefert werden: Julie und Eraste, bürger der stadt Paris, lieben einander insgeheim und wollen verhindern, daß Monsieur de Pourceaugnac, ein provinzieller adliger, dem Julies vater die hand seiner tochter versprochen hat, diese zur frau bekommt. Monsieur de Pourceaugnac, dessen unselige ankunft bevorsteht, muß aus dem weg geräumt werden. Direkt gewaltsame übergriffe kommen nicht infrage, also muß er durch eine geschickte intrige unschädlich gemacht werden. Zum komödienpersonal gehören zwei intriganten, der napolitaner Sbrigani sowie die "femme d'intrigue" Nérine, die eigens für das ersinnen wirkungsvoller strategien zuständig sind. Das ziel und die ungefähre handlungsweise der handelnden personen (Julie, Eraste, mit der fachkundigen unterstützung Sbriganis und Nérines) werden von Nérine zu ende der ersten szene deutlich angekündigt:
"Pourceaugnac, cela se peut-il souffrir? Non, Pourceaugnac est une chose que je ne saurois supporter; et nous lui jouirons tant de pièces, nous lui ferons tant de niches sur niches que nous renverrons à Limoges Monsieur de Pourceaugnac." (Pourceaugnac, kann man sowas dulden? Nein, Pourceaugnac ist etwas, das ich niemals ertragen könnte; und wir werden ihm soviele streiche spielen und einen schabernack nach dem anderen mit ihm treiben, daß wir Herrn von Pourceaugnac nach Limoges zurückschicken können. Übers. von mir)

Der solchermaßen eingeweihte zuschauer wird das weitere geschehen unter der fragestellung verfolgen: durch welche mittel werden die bekannten ziele realisiert und welche reaktionen bringen sie jeweils hervor, wie wirksam sind sie? Zugleich kann der zuschauer mit bestimmten handlungstypen rechnen, da die bekannten ziele der hauptakteure und die angekündigte weise ihrer realisierung (durch "streiche", "schabernack") auf einen ablauf schließen lassen, der durch erwartbare teilziele determinierte handlungstypen enthält. Unter der voraussetzung, daß eine solche erschließung von erwartbaren handlungsabläufen nicht als aktualpsychische kognitive prozesse des zuschauers zu bewerten sind, kann man von der folgenden erwartungskonstruktion ausgehen: Das ziel der handelnden ist Pourceaugnacs rückkehr nach Limoges, ihre absicht ist zu bewirken, daß dies geschieht. Eine direkte aufforderungshandlung scheidet aus (mangels bestehender voraussetzungen); zur zielrealsierung ist die verwendung solcher mittel notwendig, deren eigentlicher zweck dem partner zunächst verborgen bleibt. Es ist also zu erwarten, daß die handelnde partei eine strategie entwickelt, in deren verlauf sie mittel verwendet, die sowohl als täuschungsversuche als auch in bezug zu ihrem eigentlichen ziel gleichermaßen effizient sind. Eine solche strategie umfaßt voraussehbare etappen, die jeweils einander bedingen und als solche zur erreichung des ausgangsziels notwendig sind. Von den teilzielen und ihrer realisierung her gesehen kann man die folgenden erwartbaren etappen unterscheiden:

I Um P (Pourceaugnac) aus dem weg zu räumen, müssen die handelnden bewirken, daß dieser Paris verläßt

II Um bewirken zu können, daß P Paris verläßt, müssen sie bewirken, daß P seinen heiratsplan aufgibt

III Um bewirken zu können, daß P seinen heiratsplan aufgibt, müssen sie bewirken, daß P sich längere zeit in ihrer nähe aufhält

IV Um bewirken zu können, daß P sich längere zeit in ihrer nähe aufhält, müssen sie bewirken, daß sich P in ihre nähe begibt (die mögliche alternative, daß sie sich zu P begeben, fällt insofern aus, als P fremd ist und keine für die ziele der handelnden geeignete bleibe hat)

V Um bewirken zu können, daß P sich in ihre nähe begibt, müssen sie bewirken, daß P eine positive einstellung ihnen gegenüber einnimmt

VI Um bewirken zu können, daß P ihnen gegenüber eine positive einstellung einnimmt, müssen sie selbst eine positive einstellung P gegenüber kundtun

VII Um diese einstellung kundtun zu können, müssen sie zunächst einen kommunikationszusammenhang mit P herstellen

Durch dieses erwartungsmuster, das der rezeption des zuschauers (wenn auch natürlich nicht in dieser expliziten form) zugrunde liegt, wird eine grobstruktur von handlungsabläufen und damit zugleich eine reihenfolge erwartbarer handlungstypen vorgegeben, die zunächst nur durch die einzelnen teilziele definiert sind.

Nachdem zwischen den handelnden die von ihnen abhängigen voraussetzungen zu ihrer zielrealisierung geschaffen sind - Julie und Eraste überzeugen sich von ihrer gegenseitigen immerwährenden liebe, Eraste und Sbrigani gelingt es, Julie dazu zu bringen, daß sie bereit ist, ihrem vater gegenüber ihr einverständnis mit all seinen plänen vorzugeben, Sbrigani und Nérine versprechen ihre tatkräftige unterstützung des komplotts - wird der zuschauer zunächst erwarten, daß einer der handelnden mit P ins gespräch kommt, daß er ihm komplimente macht, sich anbietet u.dgl.; er wird die etappen I bis VII rückläufig mit dem folgenden ablauf erwarten:

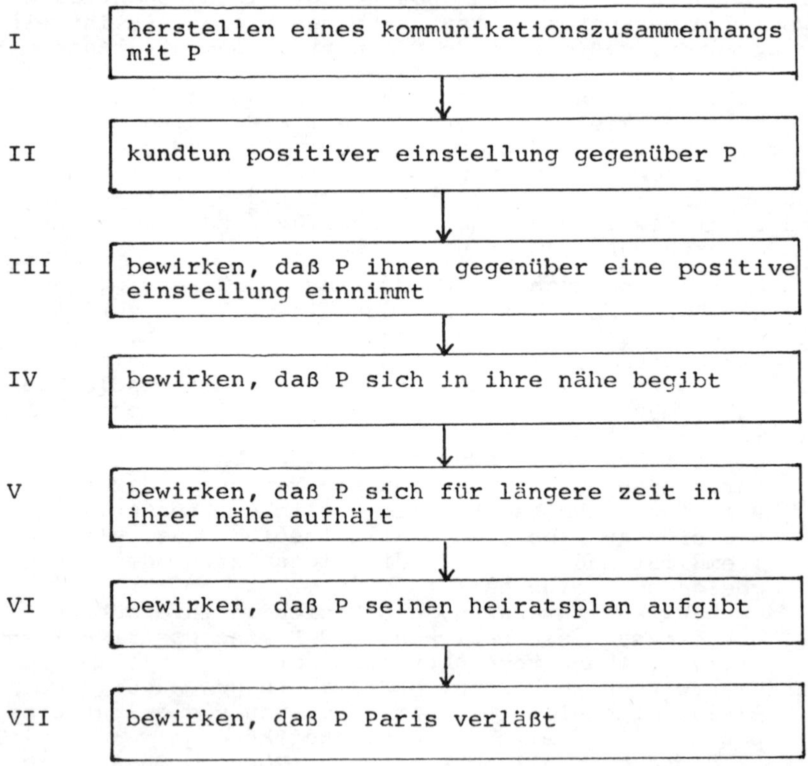

Sbrigani eröffnet die strategie. Der anlaß wird ihm vom autor Molière als coup de théâtre geliefert: der gerade in Paris angekommene Pourceaugnac stürzt auf die bühne, indem er auf irgendwelche, für den zuschauer unsichtbare, leute, bürger der stadt, einschimpft, die sich offenbar über ihn mokieren. Sbrigani ergreift sofort Pourceaugnacs partei, womit der für die zielrealisierung der handelnden notwendige kommunikationszusammenhang hergestellt ist. Die position, die Sbrigani einnimmt, ist im bezug zur verfolgten handlungsstrategie in zweierlei hinsichten denkbar günstig: einmal weil er durch seine verteidigung Pourceaugnacs diesen zu weiteren kommunikativen handlungen verpflichten kann, zum andern, weil er zu seiner verteidigung mittel verwenden kann, die geeignet sind, sowohl seine (vorgetäuschte) positive einstellung Pourceaugnac gegenüber kundzutun als auch bei diesem eine positive einstellung zu ihm zu bewirken versuchen.

Was Sbrigani im folgenden tut, würden wir umgangssprachlich "komplimente machen" nennen. Ein sprecher, der einem adressaten ein kompliment macht, geht im allgemeinen mit grund davon aus, daß die zum ausdruck gebrachte proposition für den adressaten ein positives werturteil darstellt, das einer oder mehrerer seiner positiven präferenzen entspricht. Die begründung für eine solche annahme kann entweder durch eine bestimmte vorkommunikation zwischen sprecher und adressat oder durch gemeinsames wissen über konventionalisierte präferenzen einer gesellschaft gewährleistet sein. Sbrigani, der Pourceaugnac und seine persönlichen präferenzen nicht kennt, muß sich für seine komplimente an konventionalisierten präferenzen orientieren. Im Frankreich des 17. jahrhunderts bestimmte das ideal des HONNÊTE HOMME weitgehend die präferenzen für das handeln der adligen wie der bürgerlichen gesellschaft. Im einzelnen gelten - unter der voraussetzung, daß ein honnête homme auch immer ein "homme de biens", ein wohlhabender mann, zu sein hat, die folgenden präferenzen inform allgemeiner handlungs- und verhaltensnormen(11):

(1) ein honnête homme soll immer so handeln, daß er seine persönliche ehre (honneur) wahrt, ohne anderen dabei zu schaden
(2) ein honnête homme soll immer so handeln, daß sein ziel auf das gute (le bien) gerichtet ist
(3) ein honnête homme soll immer so handeln, daß er seine tugend (la vertu) unter beweis stellt
(4) ein honnête homme soll bei hof keinen ehrgeiz zeigen

---

(11) Vgl. hierzu: LIVET, CH. L.: Lexique de la langue de Molière. Tomme II, Paris 1896, 546 ff.

(5) ein honnête homme soll sich von allen höfischen intrigen und korruptionen fernhalten
(6) ein honnête homme soll ein angenehmes gepflegtes äußeres haben, höflich sein und angenehme umgangsformen zeigen
(7) ein honnête homme soll von natürlicher anmut (de la grâce naturelle) sein, ohne geziert (précieux) zu wirken
(8) ein honnête homme soll sich ernsthaft mit den wissenschaften (v. a. philosophie) und schönen künsten (v. a. literatur) beschäftigen
(9) ein honnête homme soll respekt vor religion und glauben haben

Im rahmen dieser handlungs- und verhaltensnormen unterschiedlicher konkretheit bewegen sich Sbriganis komplimente, d. h. er thematisiert in seinen zunächst an die unsichtbaren partner, dann an Pourceaugnac gerichteten äußerungen einzelne aspekte dieser normen: *Monsieur est d'une mine à respecter; personne de condition; homme d'esprit;* an Pourceaugnac direkt gerichtet: ... *la grâce avec laquelle vous mangiez votre pain; votre physionnomie m'a plu; J'y ai vu quelque chose d'honnête ... d'aimable ... de gracieux ... de doux ... de majestueux ... de franc .... de cordial.*

Einige dieser prädikate bewerten wir auch heute als positive eigenschaften, andere nicht; z. b. kann man kaum davon ausgehen, daß man einem mann mit einer äußerung, in der dessen "anmut" thematisiert wird, ein kompliment machen kann (vermutlich würde man beim angesprochenen eher das gegenteil bewirken, nämlich den eindruck, man wolle sich über ihn mokieren); ebenso wenig ist die thematisierung der "ehre" oder "tugend" einer person geeignet, eine äußerung als kompliment zu kennzeichnen. Zwischen der art und weise der verwendung eines kommunikativen mittels und seiner funktion als ein ganz bestimmtes mittel, mit dem emotive einstellungen bewirkt werden sollen, besteht also ein historisch determiniertes verhältnis der abhängigkeit, das auf jeweils konventionalisierten handlungs- und verhaltensnormen der entsprechenden gesellschaft beruht. Ein solches abhängigkeitsverhältnis besteht in sehr viel geringerem maß für die zuordnung bestimmter handlungstypen zu bestimmten zielen: die einzelnen etappen des hier zur diskussion stehenden handlungszusammenhangs des Molièreschen theaterstücks sind in ihrer gegenseitigen bedingtheit weitgehend unabhängig von einer ganz bestimmten, historisch definierten, gesellschaftlichen normierung (wenn auch nicht von regeln gesellschaftlichen handelns schlechthin), das gleiche gilt - wenn man von dem außergewöhnlichen ziel des kampfes einmal absieht - für den betrachteten handlungszusammenhang des Brechtschen stücks. Die vermutung liegt nahe, daß sich die historizität eines theaterstücks, seine historische gebundenheit, deutlicher in der art und weise der mittelverwendung manifestiert als in der gegenseitigen bedingtheit einzelner handlungstypen einer bestimmten handlungsstrategie. Behaupten möchte ich dies jedoch nicht(12).

Die art und weise, wie Sbrigani seine äußerungen als komplimente verwendet, erweist sich als äußerst effizient, wie Pourceaugnacs reaktionen bezeugen. Die erfolgreichen wirkungen können aufgrund gemeinsamen wissens über konventionalisierte handlungs- und verhaltensnormen vorausgesetzt werden. Dies bedeutet dann auch, daß der handlungszusammenhang zu einem großteil (zumindest von I,3 (2) - (45)) nicht im eigentlichen sinn als ein kommunikativer gewertet werden kann; das trifft in doppelter weise zu: einmal resultieren Sbriganis voraussetzungen nicht aus einer antizipation des partners, aus einem hypothetischen sich-in-ihn-hineinversetzen 'wenn ich du wäre', sondern aus dem kalkül dessen, was üblich, was gesellschaftlich normiert ist, unabhängig von der person des kommunikationspartners. Zum andern sind dessen reaktionen in dem maße vorhersagbar, daß sie keinerlei auswirkungen auf die durchführung der geplanten handlungsstrategie mehr haben können, Pourceaugnac ist im wahrsten sinn des wortes der 'behandelte'. Der eigentliche kommunikationspartner Sbriganis ist der zuschauer, dem die art und weise der realisierung ihm bekannter handlungsziele demonstriert wird; an ihn sind auch die äußerungen in ihrem wirklich, d. h. aufrichtig, von Sbrigani gemeinten sinn gerichtet: angesichts der lächerlichen erscheinung Pourceaugnacs werden die äußerungen Sbriganis vom zuschauer als die entsprechenden kontrastiven, negativen oder positiven, und damit als ausdruck dessen, was Sbrigani aufrichtig glaubt/meint, verstanden. Z. b. drückt seine äußerung

(12) Monsieur est d'une mine à respecter

für den zuschauer den entsprechenden negierten sachverhalt aus:"Monsieur n'est pas (du tout) d'une mine à re-

---

(12) Als vermutung trifft es auch wiederum nur auf einen ausschnitt der dramatischen literatur zu, nämlich auf solche theatralen handlungszusammenhänge, bei denen durch die aus- und vorgeführten handlungen ganz bestimmte ziele verfolgt werden; ausgenommen sind theaterstücke, in denen es erst gar nicht zu präzis benennbaren zielen der handelnden kommt, in denen geradezu die verhinderung der zielbildung oder ihrer realisierungsmöglichkeit dem zuschauer demonstriert werden soll, wie dies z. b. bei TSCHECHOV, GORKI oder HORVATH der fall ist.

specter". Sbrigani bestätigt damit den optischen eindruck, den die bühnenfigur Pourceaugnac bei einer aktualisierung des textes ohnehin vermittelt. Die funktion seiner äußerung hinsichtlich des zuschauers ist die eines kommentars über augen- und ohrenfällig offensichtliche sachverhalte.

Mit dem mehr dramaturgisch orientierten exkurs sollte angedeutet werden, daß theatrale handlungen nicht nur infolge ihrer zurschaustellung auf der bühne eines theaters mehrfunktional sind, sondern auch durch eine bestimmte verwendungsweise von mitteln innerhalb einer handlungsstrategie in bestimmten situationen funktionen haben können, die zur immer gegebenen zuschauerbezogenen funktion von informationsvermittlung und evtl. belehrung hinzukommen können. Im betrachteten handlungszusammenhang hätten die äußerungen Sbriganis die kommentarfunktion auch für andere auf der bühne anwesende komödienpersonen, z. b. für Eraste, Julie oder Nérine. Daß ausgerechnet der zuschauer adressat ist, liegt lediglich daran, daß er zu diesem zeitpunkt des geschehens dessen einziger beobachter ist.

Nachdem Sbrigani mit den charakterisierten mitteln bei Pourceaugnac die notwendige voraussetzung zur positiven einstellung ihm gegenüber geschaffen und ihn damit zugleich zu möglichen folgehandlungen verpflichtet hat - Pourceaugnacs reaktion *(29) je vous suis obligé* bestätigt bereits den erfolg seiner bemühungen - geht er dazu über, direkt seine hilfe anzubieten: *(46) je vous assure que je suis tout à vous* mit der folgenden versicherung seiner aufrichtigkeit: *(52) ennemi de la fourberie ... (54) qui n'est pas capable de déguiser ses sentiments.*
Der zuschauer weiß, daß die jeweiligen negativen oder positiven äußerungen den fiktionalen tatsachen entsprechen. Die interpretation der äußerungen in zweifacher funktion - einmal als versicherung Pourceaugnac gegenüber zum andern als taktisch bewußt eingesetztes mittel eines täuschungsversuches - wird dem zuschauer durch seine kenntnis der ziele der handelnden personen ermöglicht, im gegensatz zum oben besprochenen beispiel für mehrfunktionalität kommunikativer handlungen, die aufgrund ihrer spezifischen verwendungsweise und wahrnehmbarer situativer gegebenheiten des jeweils aktuellen geschehens zustande kommt. Beide möglichkeiten gehören zum arsenal wesentlicher dramaturgischer mittel, deren sich das genre komödie bedient.

Die handlungssequenz von I,3 umfaßt die etappen I bis III der handlungsstrategie: I herstellen des kommunikationszusammenhangs, II kundtun positiver einstellungen gegenüber P, III bewirken, daß P einer der handelnden personen gegenüber eine positive einstellung einnimmt.

Mit der letzten äußerung Sbriganis (66), seinem angebot, bei der quartiersuche behilflich zu sein, wird etappe IV eingeleitet: bewirken, daß sich P in die nähe der handelnden personen begibt. Deren ziel wird durch den in szene 4 hinzukommenden Eraste realisiert. Mit äußerung (64) wird dieses ziel erstmalig Pourceaugnac gegenüber thematisiert: *je ne prétends pas que vous preniez d'autre logis que le mien.* Diese stellt eine einladung dar, für deren erfolgsmöglichkeit Eraste mit seinen vorhergehenden kommunikativen handlungen die notwendigen bedingungen, inform begründeter hörerbezogener annahmen, schafft und sichert.

Obwohl Eraste nicht aufrichtig will, daß P sich in seiner nähe aufhält, obwohl er dessen anwesenheit nur als notwendige voraussetzung, ihn so schnell wie möglich wieder loszuwerden, für wünschenswert hält, muß er die zur verwendung eines kommunikativen handlungsmittels einladung notwendigen bedingungen beachten; seine täuschungsversuche sind der gleichen regelhaftigkeit unterworfen wie die entsprechenden aufrichtig vollzogenen handlungen.

Eine aufrichtige einladung (zu jemandem zu kommen und bei ihm zu wohnen) mit aussicht auf erfolg aussprechen zu können, setzt im wesentlichen die folgenden bedingungen voraus:

(1) SPR will vermittels seiner äußerung/äußerungen bewirken, daß ADR zu ihm kommt

(2) SPR will, daß ADR erkennt, daß (1)

(3) SPR will, daß ADR erkennt, daß (2)

(4) SPR geht mit grund davon aus, daß ADR imstande ist zu ihm zu kommen

(5) SPR geht mit grund davon aus, daß ADR willens ist zu ihm zu kommen

(6) SPR geht mit grund davon aus, daß es für ADR gute gründe gibt zu ihm zu kommen

(7) SPR geht mit grund davon aus, daß ADR imstande ist (4) - (6) zu erkennen

(6) ist näher zu spezifizieren in:

(6a) SPR geht mit grund davon aus, daß zwischen SPR und ADR eine nähere bekanntschaft besteht

(6b) SPR geht mit grund davon aus, daß SPR und ADR jeweils eine positive einstellung zueinander einnehmen

(6c) SPR geht mit grund davon aus, daß ADR den zweck seines kommens positiv einschätzt

(6d) SPR geht mit grund davon aus, daß ADR mit grund davon ausgeht, daß zwischen SPR und ADR eine nähere bekanntschaft besteht

(6e) SPR geht mit grund davon aus, daß ADR mit grund davon ausgeht, daß SPR und ADR jeweils eine positive einstellung zueinander einnehmen

(6f) SPR geht mit grund davon aus, daß ADR mit grund davon ausgeht, daß SPR den zweck von ADRs kommen positiv einschätzt(13).

Diese spezifizierung von guten gründen für ADR, eine einladung eines SPR, zu diesem zu kommen und bei ihm zu wohnen, anzunehmen, wird - analog zum weiter oben besprochenen aufforderungsfall - notwendig durch den besonderen inhalt der einladung: man kann jemanden im allgemeinen unter weniger differenzierten voraussetzungen zu einem gemütlichen abend einladen als dazu, sich für längere zeit in seiner wohnung aufzuhalten. Bei der beurteilung der bedingungen, die die bühnenfigur Eraste zu erfüllen hat, muß man zudem die speziellen handlungs- und verhaltensnormen berücksichtigen, die in der gesellschaft des 17. jahrhunderts bestehen. Ein edelmann, der sich nach dem ideal des honnête homme richtet, muß immer auf die wahrung seiner ehre (honneur) bedacht sein; dazu gehört es auch, sich nicht von irgendwelchen wildfremden menschen dazu einladen zu lassen, bei ihnen zu wohnen.

Eraste erfüllt zwar die für die äußerung der einladung notwendigen absichts- und intentionsbestimmten bedingungen, jedoch in anderer weise, als dies für die kampferöffnung der bühnenfigur Shlink festgestellt wurde: Shlink will mit der verwendung des kommunikativen mittels, das zu den mitteln zur ausführung einer handlung des typus aufforderung zu rechnen ist, aufrichtig erreichen, daß Garga den kampf mit ihm aufnimmt. Seine finale handlungsabsicht ist identisch mit der absicht, die zu den bedingungen der verwendung des entsprechenden kommunikativen mittels gehört. Man könnte die gesamte betrachtete eröffnungssequenz des Brechtschen stücks als aufforderungshandlung charakterisieren, wobei der ausdruck "aufforderung" einen handlungstypus und kein kommunikatives mittel benennt.

Im unterschied dazu ist Erastes finale absicht nicht identisch mit der absicht, die zur verwendung einer einladung notwendig ist, welche ebenfalls zu den mitteln für die ausführung einer handlung des typus aufforderung zu rechnen ist. Die einladung ist innerhalb der gesamten handlungsstrategie wiederum nur als mittel zu charakterisieren, das als solches im dienst weiterer handlungsziele steht.

---

(13) Zu den *Geglücktheitsbedingungen des illokutionären Akts einer Einladung* vgl. auch KUMMER (1975), 272. (6a) formuliert die verfasserin in den *Einleitungsregeln: 2. Zwischen S und H (Sprecher und Hörer) bestehen freundschaftliche Beziehungen.*

In den beiden handlungsstrategien kommen zwei arten von aufforderungen vor, die unterschiedliche stadien eines handlungszusammenhangs umfassen: im Brechtschen beispiel umfaßt die aufforderung als handlungstypus mit der schaffung der für ihre ausführung notwendigen bedingungen die gesamte sequenz; im Molièreschen beispiel ist die aufforderung selbst wieder nur ein mittel zur realisierung einer absicht, die nicht mit der durch die aufforderung verfolgten absicht identisch ist.

Dieser unterschied läßt sich schematisch folgendermaßen verdeutlichen (s. folgende seiten):

SHLINKS AUFFORDERUNG ALS HANDLUNGSTYP:

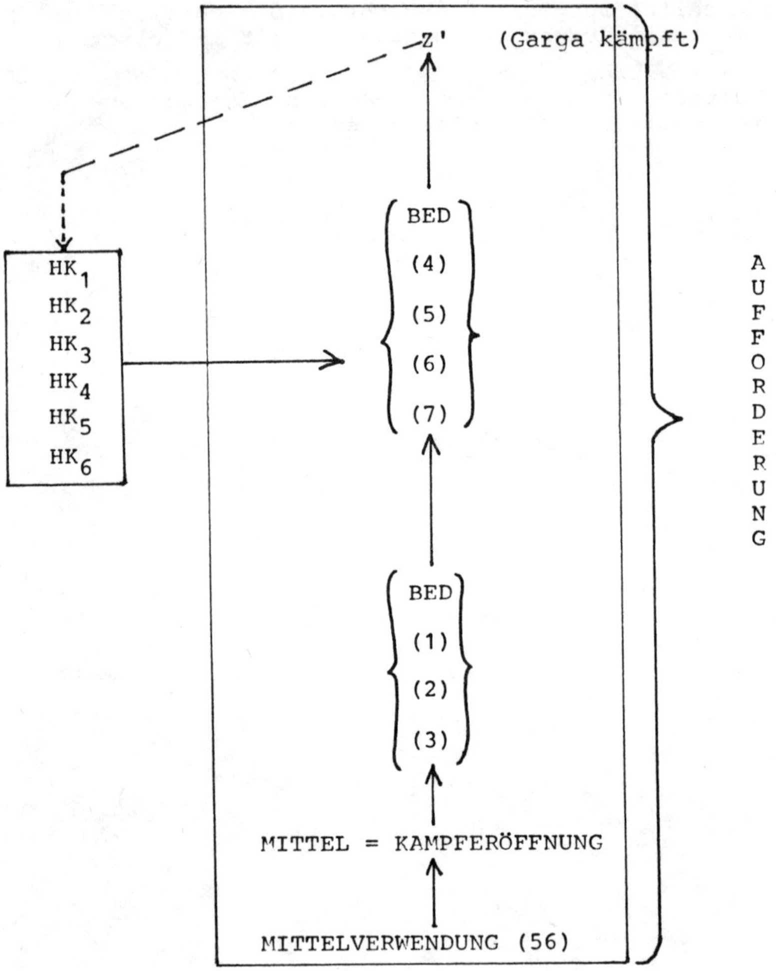

ERASTES AUFFORDERUNG ALS HANDLUNGSMITTEL

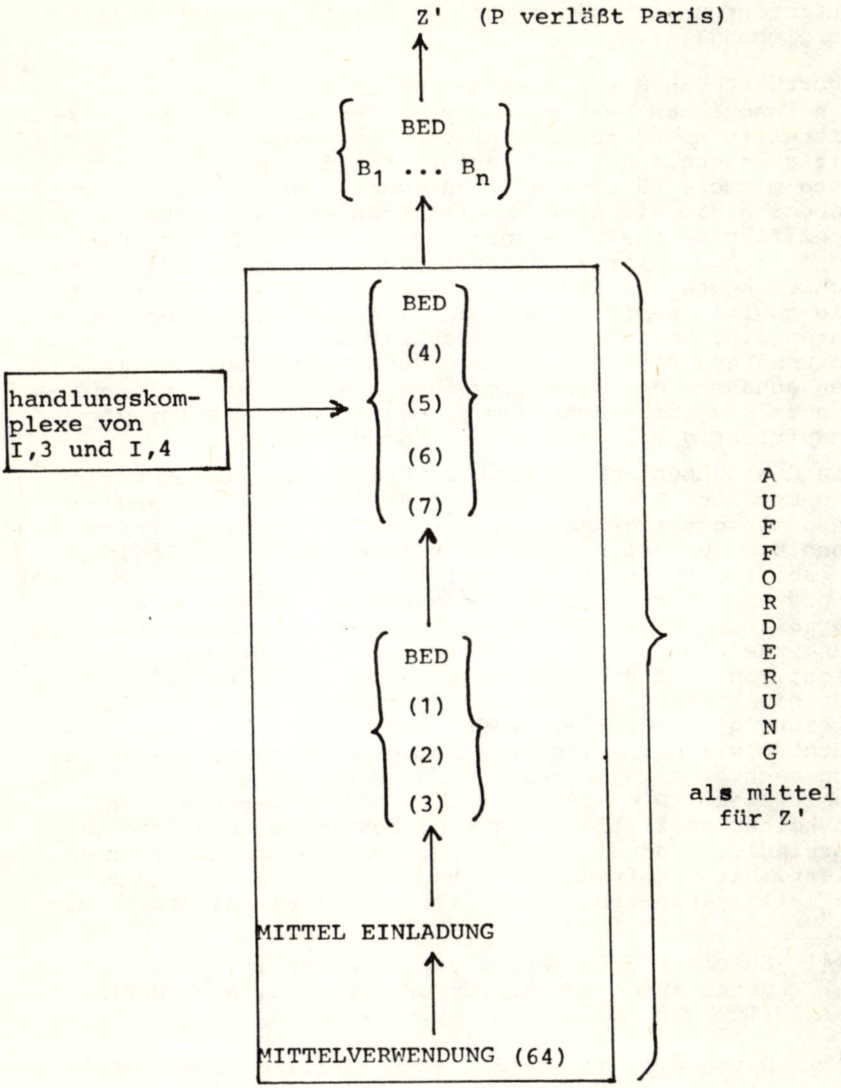

Über die hier betrachteten theatralen handlungszusammenhänge hinaus stellen die beiden arten von aufforderungen zwei grundsätzliche möglichkeiten dar. Im einen fall ist das ziel der aufforderung identisch mit dem handlungsziel des handelnden, im andern fall ist das ziel der aufforderung lediglich eine notwendige voraussetzung für die erreichung eines weiteren ziels; die aufforderung ist ein mittel, ein instrument zu dessen erreichung(14).

Unberührt von der einordnung einer handlung als die handlung eines bestimmten typs oder als ein handlungsmittel in bezug zum entsprechenden handlungsziel bleibt die gültigkeit der bedingungen für das jeweils verwendete mittel. Für die aufforderung inform der einladung habe ich die einzelnen bedingungen mit den notwendigen spezifischen zusätzen formuliert, zunächst unter der voraussetzung ihrer aufrichtigen ausführung. Bei deren fehlen können bedingungen (6a) bis (6c) entfallen(15): die positiven einschätzungen eines sprechers zum adressaten sind keine zum beabsichtigten erfolg der äußerung notwendigen bedingungen im gegensatz zu (6d) bis (6f), den annahmen des sprechers über die positiven einschätzungen des adressaten zum sprecher, die auch für die unaufrichtig vollzogene handlung gelten müssen.

Wie die bühnenfigur Shlink im Brechtschen theaterstück beginnt auch E(raste) mit dem versuch, die notwendigen annahmen guter gründe für das ausführen der gewünschten handlung bei seinem partner P(ourceaugnac) zu bewirken. In seinem ersten beitrag (1) ist seine bekanntschaft mit P präsupponiert - durch die ausdrücke *rencontre* und *reconnoitre* -, in (3) die gegenseitige positive einstellung zueinander durch *meilleur ami* ausgedrückt. (1) bezieht sich auf die herstellung von bedingung (6d), (3) auf die herstellung von bedingung (6d) und (6e); das gleiche gilt für (5). In der sequenz (9) bis (34) versucht E die mit seinen drei eingangsbeiträgen behaupteten sachverhalte seinem partner P gegenüber als wahr auszuweisen. Die mittel, die er dazu verwendet, sind an keinen speziellen, für eine bestimmte gesellschaft verbindliche handlungs- oder verhaltensnormen orientiert. Mit den fragen (11) und (13) fordert E P dazu auf, ihm genau die informationen zu liefern, die er ei-

---

(14) Zu einer differenzierungsmöglichkeit der verschiedenen arten von aufforderungen vgl. auch HARRAS (1977a), 290ff.

(15) Davon wird jedoch die grundsätzliche notwendigkeit der erfüllung von bedingung (6) für die ausführung der unaufrichtigen handlung nicht berührt.

gentlich selbst als beweis für seine eingangsbehauptung, der beste freund der familie zu sein (sich also auszukennen) hätte liefern sollen. Er formuliert die fragen so, daß er mit ihnen selbstverständlichkeiten präsupponiert wie:

- "es gibt in Limoges einen gastwirt, der eine sehr gute küche führt"
- "der gastwirt hat einen namen"
- "es gibt in Limoges einen ort, an dem man spazieren geht"
- "der ort hat einen namen"

Die möglichkeit einer zurückweisung der fragen durch P ist damit so gut wie ausgeschlossen. (11) und (13) dienen beide der herstellung von bedingungen (6d) und (6e).

Nachdem E damit einen ersten erfolg, Ps unsicherheit, die er in (16) ausdrückt, erreicht hat, geht er dazu über, nach dem wohlergehen von Ps verwandtschaft zu fragen, geste der höflichkeit einerseits, gelegenheit, P von der wahrheit seiner behauptung zu überzeugen andererseits. Die formulierungen seiner fragen sind analog zu denen von (11) und (13): mit ihnen werden verwandtschaftliche selbstverständlichkeiten präsupponiert. E kann mit grund davon ausgehen, daß P mit ziemlicher sicherheit einen honnête homme, jemanden, der immer guter dinge ist, und auch einen onkel in seiner familie hat. Die prädikate *"honnête homme"* und *"de bonne humeur"* sind semantisch so unbestimmt, daß sie auf eine größere menge von personen zutreffen können. Im rahmen dieser mit trivialitäten taktierenden verwendungsweisen kommunikativer mittel spielt es dann auch keine rolle, wenn die präsupposition des "onkels" nicht zutrifft; sie kann leicht durch andere verwandtschaftsbeziehungen ersetzt werden. Alle äußerungen Es haben die funktion, bedingungen (6d) und (6e) herzustellen, bzw. zu sichern.

Aus äußerung (35) kann E - aufgrund der verwendung von *aussi* - schließen, daß seine versuche, P von dem wahrheitsgehalt seiner behauptung, er sei der beste freund der familie, zu überzeugen(16), erfolgreich waren. Zur sicherung von bedingungen (6d) bis (6f) bedient er sich auch weiterhin der gleichen verwendungsweise: in seinen bisherigen äußerungen hat er selbstverständlichkeiten

---

(16) Mit dem ausdruck "überzeugen" soll hier nur der angestrebte effekt der kommunikativen handlungen bezeichnet sein; dazu ist es nicht nötig, daß der sprecher selbst davon ausgeht, daß er den sachverhalt, der zum gegenstand der adressaten-überzeugung werden soll, auch selbst für wahr hält.

präsupponiert, die nicht eigens thematisiert werden brauchten; mit (42) und (46) thematisiert E von P bereits thematisiertes((35) *mon neveu le chanoine)* und damit für die weitere kommunikation ebenfalls selbstverständlich gewordenes: die prädikationen von (40) und (44) sind semantisch unbestimmt, (wobei (44) *fils de votre frère et de votre soeur* absurd ist(17)). Ps äußerung (49) *il dit toute ma parenté* ist der endgültige beweis für Es erfolg bezüglich der sicherung von bedingungen (6d) bis (6f). Im weiteren diskursverlauf thematisiert P familiäre ereignisse - den entsprechenden äußerungen braucht E nur noch zuzustimmen; mit (64) bringt er seine beabsichtigte einladung vor, die P nach einigen gezierten ablehnungsschnörkeln annimmt. Nach dessen abgang kann E zurecht ankündigen: (83) *Ma foi, Monsieur Pourceaugnac, nous vous en donnerons de toutes les façons; les choses sont préparées, et je n'ai qu'a frapper.* (Bei Gott, mein Herr von Pourceaugnac, wir werden es Euch nach strich und faden geben; die dinge sind vorbereitet, und ich brauche nur noch zuzuschlagen. Übers. von mir) Die "comédie-ballet" entwickelt sich im weiteren verlauf des geschehens zur äußerst schlagkräftigen ballett-farce, bei deren aufführung die damaligen zuschauer von Chambord oder Paris wohl mehr durch Lullys ton- als durch Molières wortkünste unterhalten werden sollten.

In der betrachteten handlungssequenz werden im voraussetzungsherstellenden teil nur diejenigen bedingungen geschaffen und gesichert, die sich auf die annahme hörerseitiger guter gründe für die ausführung der gewünschten handlung beziehen. Von der erfüllung der sonst notwendigen bedingungen geht E ohne spezielle vorbereitungen aus; von Ps möglicher bereitschaft, die einladung anzunehmen, kann er auf der basis des erfolgs seiner versuche, bedingungen (6d) bis (6f) zu schaffen und zu sichern, mit grund ausgehen.

Die handlungssequenz hat die folgende im vergleich zum Brechtschen beispiel sehr einfache struktur (s. folgende Seite):

---

(17) Eine durchsicht historischer wörterbücher brachte keine erklärung: ich konnte keine verwendungsweise von *et* ausfindig machen, in der dieses auch disjunktive funktion in der umgangssprachlichen bedeutung von "oder" haben kann.

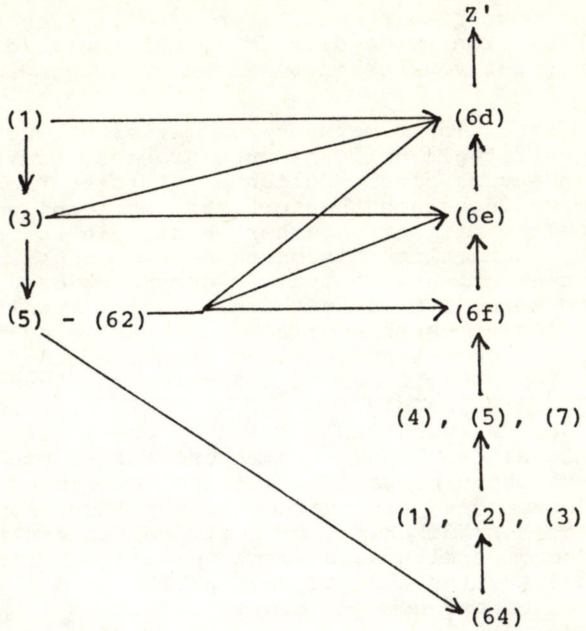

Die geringe komplexität des betrachteten handlungszusammenhangs hinsichtlich der schaffung und sicherung von bedingungen für die ausführung der beabsichtigten handlung ist durch den - im vergleich zum Brechtschen beispiel - fortgeschritteneren stand des kommunikationsprozesses zu erklären. Eraste, der von beginn des komödiantischen spiels an in die handlungsstrategie eingeweiht ist, weiß, daß Sbrigani bereits erste erfolge bei Pourceaugnac erzielt hat, von denen er bei seinem weiteren vorgehen ausgehen kann. Dies entspricht wohl einem sehr allgemeinen prinzip kommunikativen handelns, wonach kommunikative handlungen voraussetzungsloser und mit anderen mitteln, - z. t. direkteren, z. t. aber auch indirekteren - vollzogen werden, wenn die beiden partner über den jeweils eingegangenen kommunikationszusammenhang hinaus in einem kontinuierlichen und intensiven gemeinsamen kommunikationszusammenhang stehen als wenn sie nur in einem sehr oberflächlichen - z. b. institutionell oder konventional bedingten - gemeinsamen kommunikationszusammenhang stehen. Das bedeutet jedoch nicht notwendig, daß die möglichkeit der erklärung eines handlungszusammenhangs durch das verhältnis der herstellung von bedingungen zur ausführbarkeit einer handlung für kommunikative abläufe zwischen partnern, die über umfangreiche gegenseitige kommunikationserfahrungen verfügen, entfällt. Ich werde dies im 10. abschnitt dieser arbeit am beispiel von Lessings "Minna von Barnhelm" zeigen.

Abschließend noch eine bemerkung zum mittelgebrauch in der handlungsstrategie Sbriganis und Erastes, damit verbunden die andeutung einer möglichen interpretationsrichtung des Molièreschen theatertexts. Sbrigani verwendet das mittel kompliment in einer weise, die an bestimmten gesellschaftlich-historischen handlungs- und verhaltensnormen orientiert ist. Im gegensatz dazu verwendet Eraste seine (vorgetäuschten) beweis-mittel in einer weise, die an überhistorischen - aber keineswegs a-historischen - gesellschaftlichen selbstverständlichkeiten orientiert ist. Dadurch, daß beide handlungsweisen zum gewünschten erfolg führen, wird ein widerspruch aufgedeckt, der das verhältnis zwischen dem inhalt der normen, dem ideal des honnête homme und seiner praktischen verwirklichung betrifft, was sich bereits am idealaspekt des "homme d'esprit" verdeutlichen läßt: Pourceaugnac, der dieses prädikat für sich mit selbstverständlichkeit beansprucht, stellt sich durch seine (reaktions-) handlungen auf Erastes überzeugungstaktik als das genaue gegenteil eines "homme d'esprit" dar.

Die beiden verwendungsweisen von kommunikativen mitteln sind teil der strategie der handelnden personen; diese zielt auf die demontage der person des provinz-adligen Pourceaugnac. Mit der art und weise ihrer realisierung wird dem zuschauer die demontage eines ideals demonstriert. Daß der autor Molière die demontage des ideals als beförderndes mittel für die komödiantische aktion einkalkulieren konnte, setzt das bereits demontierte ideal voraus.

9. BEURTEILUNGSMÖGLICHKEITEN EINES HANDLUNGSABLAUFS AUS UNTERSCHIEDLICHEN PERSPEKTIVEN

9.1 GRUNDSÄTZLICHES

Bei der untersuchung der beiden theatertexte ergaben sich zwei möglichkeiten der beurteilung von handlungen unter unterschiedlichen kontextbestimmten voraussetzungen:

(1) einmal: dem beobachter werden - wie dem zuschauer der eröffnungssequenz des Brechtschen theaterstücks - handlungen vorgeführt, ohne daß er zunächst weiß, welche ziele mit ihnen verfolgt werden sollen.

(2) zum andern: der beobachter wird - wie der zuschauer der ersten szenen der Molièreschen "comedie-ballet" - zunächst in das ziel bzw. die ziele der handelnden person(en) eingeweiht, und dann werden ihm handlungen vorgeführt, von denen er weiß, welches ziel/ welche ziele mit ihnen verfolgt werden soll/sollen.

Je nach kontextbestimmung sind für den beobachter unterschiedliche fragestellungen bei der beurteilung der ihm vorgeführten handlungen ausschlaggebend:

(1) im ersten fall - der beobachter kennt das ziel der handlungen nicht -:
   (1.1) was will/wollen der handelnde/die handelnden mit den vorgeführten handlungen erreichen?
   (1.2) welchen zielen können die vorgeführten handlungen im allgemeinen dienen?
   (1.3) ist das - möglicherweise - in betracht kommende ziel das einzige ziel der handelnden person(en) oder ist es nur ein zur erreichung weiterer ziele notwendiges teilziel?

(2) im zweiten fall - der beobachter kennt das ziel, das mit den vorgeführten handlungen erreicht werden soll -:
   (2.1) sind die vorgeführten handlungen tauglich als mittel zur erreichung des ziels?
   (2.2) sind die vorgeführten handlungen notwendig als mittel zur erreichung des ziels?
   (2.3) sind alle vorgeführten handlungen notwendig als mittel zur erreichung des ziels?

Die angeführten fragemöglichkeiten sind ein ausschnitt aus all denjenigen möglichkeiten, die einem beobachter von handlungen insgesamt als kriterien für handlungsbeurteilungen dienen können (vgl. s. 68 dieser arbeit).

Über den bereich theatraler handlungsabläufe hinaus stellen die beiden charakterisierten perspektiven auch für nicht-theatrale handlungsabläufe die beiden grundsätzlichen perspektiven für das beobachten von handlungen dar. Durch die jeweilige perspektive, die der beobachter je nach kontextbestimmtheit (er kennt das ziel/des/der handelnden - er kennt das ziel nicht) einnehmen muß, wird auch eine bestimmte orientierung in bezug auf die jeweils handelnden personen vorgegeben: im ersten fall - das ziel ist nicht bekannt - befindet sich der beobachter in der gleichen ausgangsposition wie der betreffende handlungspartner: er muß zunächst die vorgeführten handlungen interpretieren, für kommunikative handlungen heißt das: er muß bedeutung und sinn der vorgebrachten äußerungen verstehen. Im zweiten fall - das handlungsziel ist bekannt - ist die ausgangsposition des beobachters stärker am handelnden als an dessen partner orientiert; die beobachteten handlungen sind bereits als verwendungsweisen von mitteln zur erreichung ganz bestimmter ziele interpretiert und werden an den jeweiligen reaktionen des handlungspartners hinsichtlich ihrer effizienz und ökonomie und evtl. moralischen vertretbarkeit beurteilt.

Um mißverständnissen vorzubeugen: die position des beobachters und die position des handlungsteilnehmers, an dem er sich jeweils orientiert, sind keineswegs identisch. Unabhängig davon, ob es sich um teilnehmer an fiktiven, theatralen handlungsabläufen oder um teilnehmer an nichttheatralen handlungsabläufen handelt, gelten für den jeweiligen beobachter andere bedingungen als für diese; so muß er z. b. weder die absichts- bzw. intentionsbestimmten bedingungen des jeweils handelnden erfüllen noch die bedingungen des akzeptierens, die vom jeweiligen handlungspartner für den glückensfall der handlung erfüllt sein müssen.

Die vorgenommene einteilung möglicher perspektiven ist an einen zeitlich bestimmbaren beobachtungsprozeß gebunden; nach dem abschluß eines gesamten handlungsablaufs kann der beobachter natürlich beliebig die perspektiven wechseln und die beobachteten handlungen alternativ beurteilen.

Der beobachter muß bei der rezeption eines handlungsablaufs auch nicht notwendigerweise durchgängig an nur eine perspektive gebunden sein: außer daß die ziele von den handelnden personen selbst durch sprachliche äußerungen in eindeutiger weise thematisiert werden können, wodurch automatisch ein perspektivenwechsel bedingt wird, - wie im Brechtschen beispiel durch Shlinks kampferöffnung - kann der beobachter das ziel/ die ziele der handelnden person(en) zu einem früheren zeitpunkt des handlungsablaufs erkennen als der jeweilige handlungspartner und daher seine beobachtungsperspektive wechseln.

Im folgenden werde ich exemplarisch auf einen kurzen handlungszusammenhang (s. nr. 3 des textanhangs) eingehen, der in mehrfacher weise von den bisher betrachteten handlungszusammenhängen abweicht. Die abweichungen seien hier zunächst nur angedeutet:

- der zuschauer des einakters wird während des handlungsablaufs zum perspektivenwechsel gezwungen
- die wünsche bzw. ziele der beiden akteure sind aufeinander bezogen
- ein akteur erreicht sein ziel nicht, es wird eine scheiternde handlung vorgeführt.

9.2 PERSPEKTIVENVERSCHIEBUNG UND SCHEITERNDE HANDLUNG: GEORGES COURTELINE: DER BOTE DES HIMMELS (s. nr. 3 des textanhangs)

Um das stadium des handlungsablaufs zu ermitteln, in dem für den zuschauer ein perspektivenwechsel notwendig wird - notwendig insofern, als ohne ihn der handlungsablauf nicht mehr als sinnvoller zusammenhang begriffen werden könnte - werde ich zunächst kurz den rezeptionsverlauf des zuschauers sukzessive rekonstruieren.

Der einführende monolog der bühnenfigur M. Mistic hat für den zuschauer - zusätzlich zu den optischen mitteln der bühne, ein zimmer ohne möbel, - situationserläuternde funktion: Mistic thematisiert seine negative einschätzung der lage, aus der es für ihn nur einen ausweg gibt: durch einen *Boten des Himmels*. Mistic kann zur realisierung seiner obersten existentiellen präferenz (aus dem *Purrée* gezogen zu werden) nichts beitragen. Dies wird (sowohl von ihm wie vom zuschauer) von der dramaturgisch notwendig hinzukommenden person des M. Trac erwartet: dessen folgende handlungen werden unter dem gesichtspunkt beurteilt, wie und mit welchem erfolg sie geeignet sind, Mistics hoffnung zu erfüllen. Der zuschauer betrachtet den weiteren handlungsablauf aus der gleichen perspektive wie Mistic, d. h. zunächst unter den beiden einander zugeordneten fragestellungen:

(1) welches ziel verfolgt Trac mit seiner *kleinen vertrauensvollen Angelegenheit?*

(2) inwieweit kann er durch die ausführungen von handlungen, mit denen er sein ziel verfolgt, Mistics präferenz realisieren?

Tracs präzisierung (6) - ein kommerzielles handelsangebot mit der forderung nach einer reichlich absurd erscheinenden gegenleistung - hat auf den zuschauer die gleiche "enttäuschende" wirkung wie auf den partner Mistic: er zweifelt an der ernsthaftigkeit des anliegens. Mit den redebeiträgen (10) und (12) liefert Trac den - für seinen partner wie für den zuschauer - notwendigen begründungszusammenhang, eine eindrucksvolle schilderung von - in doppeltem sinn - 'verpaßten' fußtritten. Noch bevor Trac sein erklärendes fazit zieht - *Ganz entmutigt bin ich jetzt soweit gekommen, meine Rehabilitierung gutwillig zu kaufen* - hat der zuschauer aufgrund angereicherten kontextes seine beobachtungs- und beurteilungsperspektive geändert: nicht Mistics präferenz und ihre mögliche realisierung durch Trac stehen im vordergrund seines weiteren interesses, sondern die beiden fragen: einmal nach den möglichen mitteln Tracs, *die ganz natürliche Angst vor Schlägen* loszuwerden, zum andern nach dem erfolg der tatsächlich eingesetzten mittel.

Im unterschied zu den ausgangsperspektiven der bisher betrachteten handlungszusammenhänge ist diese einstellung bzw. erwartungshaltung des zuschauers nicht an der perspektive eines teilnehmers des beobachteten handlungsablaufs orientiert, sondern geht über diese hinaus. Unabhängig von dem weiteren handlungsablauf stellt sich der zuschauer die frage nach den grundsätzlichen erfolgsaussichten Tracs. Er verfolgt das weitere geschehen unter dem aspekt des möglichen scheiterns der von Trac beabsichtigten handlung. Durch dessen erklärung, seine *Rehabilitierung gutwillig kaufen* zu wollen, wird dieser aspekt nicht wesentlich verändert, allenfalls präzisiert. Rezeptionsbestimmend bleibt die einen möglichen erfolg bezweifelnde hypothese etwa derart: 'auf diese weise (durch einen kommerziellen handel) kann man sich doch nicht von ganz natürlichen ängsten freikaufen'.

An dieser stelle möchte ich - allen mißverständnissen vorbeugend - nochmals betonen, daß sich meine zuschauercharakterisierungen nicht auf aktualpsychische zustände beziehen, sondern auf kognitive faktoren, die meistens erst im nachhinein - durch problematisierungen verschiedenster art - reflektiert und thematisiert werden können. Z. b. wäre der kommentar eines zuschauers am ende des einakters: 'das konnte ja auch gar nicht klappen' o. dgl. eine durchaus normale reaktion, mit der zugleich rückläufig der rezeptionsbestimmende aspekt möglichen scheiterns zum ausdruck gebracht wird.

Die frage nach der möglichen erfüllung von Mistics hoffnung bleibt für den zuschauer weiterhin sekundär; daran ändert auch der von beiden akteuren geschlossene handel nichts, im gegenteil, die vermutung des scheiterns wird durch die zur schau getragene kommerzielle nüchternheit nur noch verstärkt. Das ende, Tracs tatsächliches scheitern, liefert die endgültige bestätigung.

Der rezeptionsverlauf mit seinen spezifischen fragestellungen hat insgesamt den folgenden verlauf: (ich habe mir erlaubt, die zuschauerfragen sehr salopp zu formulieren)

AKTION	ZUSCHAUER - fragen/hypothesen
(1)	wer wird Mistic aus dem *Purreé* ziehen?
(2)	die eintretende person?
(4)	was will sie? kann sie Mistic helfen?
(6)	(was soll das?) ?
(8)	was will die person denn eigentlich? (das soll wohl ein witz sein?)
(10)	
(12)	ob da noch was hilft?
(12) letzte äußerung	das klappt doch bestimmt nicht
(17)	das ist doch aussichtslos merkt das Mistic eigentlich nicht? (aber der braucht ja das geld!)
(19)	na also! das war ja zu erwarten

Die perspektive, unter der der zuschauer des Courtelineschen einakters das ende des geschehens verfolgt, ist zwar, was die kontextbestimmung anbelangt, an der position einer handelnden person orientiert - ihr ziel ist bekannt - sie lenkt aber die beurteilung der weiterhin vorgeführten handlungen über dieses ganz bestimmte bühnengeschehen hinaus auf allgemeine beurteilungskategorien von handlungen überhaupt. Im unterschied zur Molièreschen bühnenhandlung, die der zuschauer unter der fragestellung verfolgt: in welcher weise werden die handelnden ihre ziele realisieren/wie erfolgreich sind sie damit? richtet sich die frage des zuschauers am ende des Courteline-einakters auf die prinzipielle erfolgsmöglichkeit von Tracs handlungen. Die nötigen beurteilungskategorien - realisierbarkeit von handlungszielen, möglichkeiten der verwendung von mitteln, effizienz der eingesetzten mittel - bezieht der zuschauer - im gegensatz zur Molière-komödie - nicht aus den unmittelbar vorgeführten bühnenhandlungen, sondern aus seinem, unabhängig vom jeweiligen zuschauerdasein bestehenden, alltagspraktischen wissen über handlungen. Das soll nicht heißen, daß man bestimmte bühnenstücke ohne diesen wissenshintergrund als handlungszusammenhänge begreifen könnte - zum sinnvollen zusammenhang wird eine aufeinanderfolge von einzelnen handlungen für einen zuschauer immer nur auf der grundlage seiner handlungserfahrungen -, ich will lediglich verdeutlichen, daß durch bühnenhandlungen unterschiedliche aktivierungen von wissens-dispositionen beim zuschauer bewirkt werden können.

Zu den beiden grundsätzlich möglichen zuschauerperspektiven, die aufgrund unterschiedlicher, durch das vorgeführte gelieferter, kontexte die jeweilige rezeption steuern, muß also noch eine dritte möglichkeit angenommen werden, die die perspektive der handelnden person(en) - bekanntheit ihres/ihrer ziels/ziele - sowohl voraussetzt als auch über sie, d. h. den jeweiligen fiktionalen handlungsspielraum, hinausgeht. Die fragestellungen des zuschauers, der die rolle des beurteilenden beobachters einnimmt, können - analog zu den urteilsmöglichkeiten eines handlungsbeobachters (vgl. s. 68 dieser arbeit) folgendermaßen formuliert werden:

- ist das ziel des handelnden überhaupt durch die ausführung einer handlung realisierbar?
- ist es überhaupt sinnvoll, eine bestimmte handlung A tun zu wollen?
- ist es überhaupt notwendig, handlung A zu tun?
- gibt es zur ausführung von handlung A überhaupt geeignete mittel?

Die perspektive des beurteilenden zuschauers, die zugleich unparteiische distanz impliziert, ist als durchgängig konsequente einstellung einer dritten person, die zum beobachter kommunikativer handlungen wird, sicher eine besondere rezeptionshaltung gegenüber handlungsvorkommen auf der bühne eines theaters. Der beobachter nicht-theatraler handlungen wird in ähnlichen fällen wie dem betrachteten - wenn man einmal von der absurdität der thematisierung absieht - kommunikativ in den handlungsablauf eingreifen, indem er seine urteile den beobachteten teilnehmern gegenüber zum ausdruck bringt(1).

---

(1) Die rezeptionssteuerung des zuschauers im theater kann mit der konzentration auf die perspektive des unparteiischen beurteilers diesem den beschränkten kommunikativen rahmen der institution theater bewußt machen.

10. ZUSAMMENHÄNGE ZWISCHEN HANDLUNGEN MEHRERER PERSONEN

10.1 EINSCHRÄNKENDE VORAUSSETZUNGEN

Bisher wurde der zusammenhang zwischen handlungen einer person oder personengruppe untersucht, wozu das entwickelte handlungskonzept aus der perspektive einer jeweils handelnden person den erklärungsrahmen lieferte. Die reaktionshandlungen der jeweiligen partner wurden im hinblick auf die herstellung und sicherung bestimmter bedingungen beurteilt, die für die zielrealisierungen der/des handelnden als notwendig angenommen werden müssen.

Welche möglichkeiten bietet der hier entwickelte ansatz für die erklärung von handlungszusammenhängen komplexerer art, von zusammenhängen, die die gesamtaktion eines theaterstücks als zusammenwirkung von handlungen mehrerer personen ausmachen? Um das perspektivisch an ein jeweils handelndes subjekt gebundene handlungskonzept als erklärungsrahmen verwenden zu können, bedarf es zunächst eines interpretativen vorlaufs zur ermittlung eines ausgangspunkts der untersuchung, an dem die ziele von handelnden personen bestimmt werden können. Im einzelnen bietet sich dazu das folgende verfahren an:

Man rekonstruiert für jede auftretende person - ganz gleich, ob ihr eine große, mittlere oder kleine partie zukommt - aus den vorgeführten handlungen deren jeweilige handlungsziele, vergleicht diese miteinander, macht überschneidungen, gegenläufigkeit und parallelen ausfindig und bestimmt auf dieser grundlage den interaktionszusammenhang der einzelnen personen. Diese rekonstruktion bezieht sich zunächst nur auf einen bestimmten spielstand des stücks, auf den punkt, an dem alle beteiligten ihre rollen annähernd definiert haben. "Annähernd definierte rollen" benennt das stadium der aktion, an dem die primären ziele der personen - d. h. solche, mit denen sie vom autor ins stück geschickt werden- für den zuschauer aus ihren handlungen mit einiger sicherheit erschlossen sind, sei es, daß sie aus äußerungsakten direkt verstanden werden können, sei es, daß sie aufgrund gesellschaftlicher konventionen aus vorgeführten handlungen indirekt erschlossen werden können. - Dieses stadium ist im allgemeinen am ende der sogenannten exposition erreicht. - Ausgehend vom interaktionszusammenhang in diesem stadium können die sich aus ihm ergebenden zusammenhänge von den handlungen der personen her bestimmt werden, deren ziele sich entweder überschneiden oder die einander parallel oder entgegengesetzt verlaufen. Bei dieser bestimmung ist die verwendung des handlungskonzepts als erklärungsrahmen problemlos, da die perspektive der untersuchung mit der des jeweils handelnden methodisch zusammenläuft.

Dieses rekonstruktionsverfahren ist allerdings nur unter der bedingung einer einschränkung sinnvoll: Ereignisse, zustände und ihre jeweiligen konstellationen, die vom stückautor thematisiert sind, müssen voraussetzungslos als ursachen oder motive - genauer als in das jeweilige konzept der handelnden personen eingegangene zustandsannahmen oder präferenzen - akzeptiert werden.

10.2 G. E. LESSING: MINNA VON BARNHELM

Umgangssprachlich wird die frage nach dem zusammenhang dramatischer aktion häufig so gestellt: "um was geht es in dem stück?", "was passiert da?", "was ist der inhalt des stücks?" o. dgl. Mit solchen umgangssprachlichen formulierungen fordert man einen adressaten im allgemeinen nicht dazu auf, bedingungen für die erfassung von handlungszusammenhängen zu explizieren, sondern dazu, über in spezieller weise bedingte zusammenhänge auskunft zu geben, wobei die herstellung dieser zusammenhänge stillschweigend als erfolgt vorausgesetzt wird. Es kann jedoch im nachhinein für den auskunftgeber erforderlich werden, die kriterien für die art seiner darstellung nachzuliefern - wenn er vom adressaten durch problematisierungen dazu aufgefordert wird.

Die frage nach dem zusammenhang dramatischer aktion kann also nicht nur auf den dramatischen text selbst, sondern auch auf problematisierte kommentare/inhaltsangaben des textes bezogen werden. Im zweiten fall geht es darum, was jeweils als begründung/rechtfertigung eines kommentars/einer inhaltsangabe gelten kann und im weiteren, wie diese begründungen/rechtfertigungen handlungszusammenhänge im einzelnen erklären können.

Um beide fälle berücksichtigen und sie aufeinander beziehen zu können, gebe ich im folgenen einen text wieder, dessen quelle, Reclams Schauspielführer, als anerkannter adressat für fragen nach dem inhalt eines theaterstücks gelten kann (1):

---

(1) Reclams Schauspielführer. Hrsg. van O. zur Nedden/ K.H. Ruppel. 13.aufl. Stuttgart 1976, 216 - 217.

Lessing, Minna von Barnhelm

MINNA VON BARNHELM

oder das Soldatenglück

Lustspiel in fünf Aufzügen
Erste Aufführung: 30. September 1767 in Hamburg

Personen: Major v. Tellheim, verabschiedet - Minna von Barnhelm - Graf v. Bruchsall, ihr Oheim - Franziska, ihr Mädchen - Just, Bedienter des Majors - Der Wirt - Paul Werner, gewesener Wachtmeister des Majors - Eine Dame in Trauer - Ein Feldjäger - Riccaut de la Marlinière.

Ort und Zeit: In einem Wirtshause in Berlin, um 1764.

Der edelmütige Major v. Tellheim, einstmals mit dem Fräulein v. Barnhelm verlobt, ist nach dem Ende des Siebenjährigen Kriegs in eine mißliche Lage geraten. Seines Vermögens verlustig und in seiner Ehre durch Verleumdungen gekränkt, lebt er zurückgezogen in einem Gasthof in Berlin. Aus seinem bisherigen Quartier wird er durch den geldgierigen Wirt vertrieben, um seine Zimmer einer neuangekommenen reichen Dame zu überlassen. Diese ist keine andere als seine ehemalige Braut, Minna v. Barnhelm, die nach dem Bräutigam fahndet, von dem sie außer durch einen einzigen Brief seit Kriegsende nichts mehr gehört hat. Minna ist überglücklich, den Geliebten wiedergefunden zu haben. Der Wiedervereinigung steht jedoch das etwas überspitzte Ehrgefühl des Majors im Wege. Er will das Fräulein nicht mit seiner heruntergekommenen Existenz belasten. Erst als Minna auch seine Haltung einnimmt, sich als die angeblich von ihrem Oheim Verstoßene und Enterbte hinstellt, die dem Major nach seiner Rehabilitierung nicht mehr angehören könne, ändert sich seine Einstellung. Schon droht sich die Handlung tragisch zuzuspitzen. Da erscheint im rechten Augenblick der Oheim des Fräuleins, der Graf v. Bruchsall. Der fromme Betrug Minnas klärt sich auf, der Major wird durch das Eingreifen des Königs rehabilitiert und der Vereinigung der Liebenden steht nichts mehr im Wege.

In dieser inhaltsangabe werden nur vier der im gesamten stück auftretenden personen erwähnt: Tellheim, Minna, der wirt, der Graf von Bruchsall. Soll man in ihnen die hauptakteure sehen? Was wird über ihr handeln jeweils ausgesagt, welche handlungsprädikate werden ihnen zugeschrieben? Dem zuerst genannten Tellheim zunächst keines, das als intentionales handlungsverb anzusehen wäre. Minna *fahndet* nach dem bräutigam, eine tätigkeitsbezeichnung, die auf eine handlungsabsicht schließen läßt, und nach der inhaltsangabe sieht es so aus, als ob diese absicht handlungen des passiven Tellheim auslösten, die ihrerseits weiter handlungen Minnas bedingten. Ob und wie diese inhaltsangabe begründet werden kann, - diese frage soll im anschluß an die untersuchung des spezifischen handlungszusammenhangs beantwortet werden.

Die ziele, mit denen die personen des lustspiels "Minna von Barnhelm" vom autor Lessing auf die bühne geschickt werden, lassen sich umgangssprachlich folgendermaßen formulieren:
(ich habe - bis auf unwesentliche chargen - alle im stück auftretenden personen berücksichtigt, allerdings nur hinsichtlich der interpretation der von ihnen verfolgten ziele, und nicht deren tatsächlicher realisierung)

TELLheim: wiederherstellung seiner gekränkten ehre

MINNa: ehe mit Tellheim

FRANziska: Minnas ehe mit Tellheim

WIRT: vermehrung seines besitzes durch Tellheim und Minna

JUST: treuer diener seines herrn zu sein und zu bleiben

WERNER: treuer freund Tellheims und soldat zu sein

WITWE: tilgung der schulden ihres mannes (bei Tellheim)

RICCaut: finanzielle bereicherung (bei Minna)

GRAF: das eheglück seiner nichte
(bei dieser figur ist allerdings keine eindeutige interpretation des handlungsziels möglich, da sie am ende des stücks mehr als eine art "deus ex machina" auftritt)

Nachstehendes schema verdeutlicht, in welcher weise die einzelnen personen durch ihre ziele aufeinander bezogen sind (s. nächste seite):

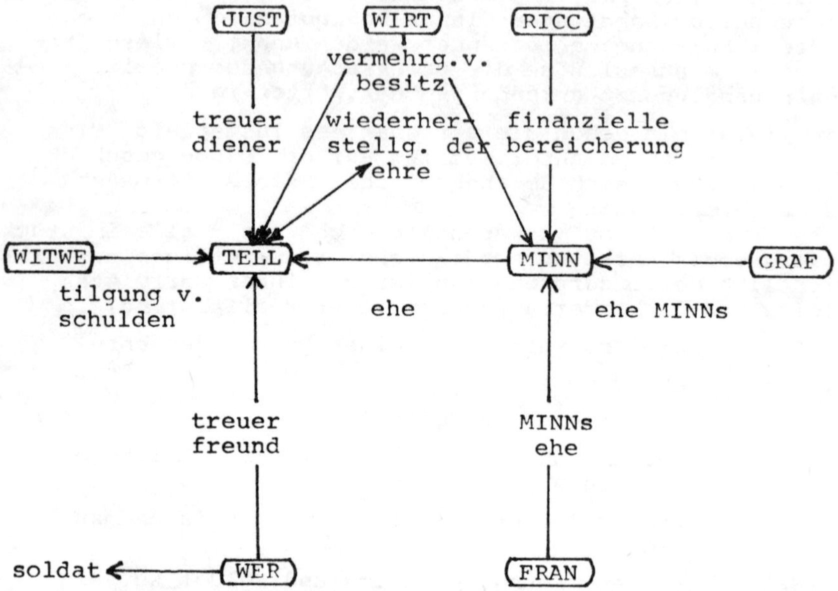

Das schema gibt, wenn man einmal von den beiden gegen ende des stücks auftretenden personen, Riccaut und dem Grafen von Bruchsall, absieht, den wissensstand des zuschauers zu beginn des zweiten akts wieder. Es veranschaulicht dreierlei:

(1) das personal des stücks verteilt sich auf zwei gruppen und eine einzelfigur:
  (a) Tellheim, Just und Werner
  (b) Minna, Franziska, der Graf und Riccaut
  (c) der wirt, der schauplatzeshalber und qua amt sowohl Tellheim als auch Minna in seine handlungen involviert, die er zur erreichung seiner pekuniären ziele ausführt

(2) Tellheim und Minna stellen jeweils das zentrum der gruppen dar. Auf sie beziehen sich die ziele der sie umgebenden personen.

(3) Tellheims ziel bezieht sich nicht auf eine person seiner umgebung, sondern auf die "wiederherstellung seiner gekränkten ehre". Auch Minnas ziel richtet sich nicht auf eine person ihrer umgebung, sondern auf Tellheim, das zentrum der anderen gruppe. Dadurch wird ein zusammenhang hergestellt, der über den bloß situationell und instrumentell durch den wirt hergestellten zusammenhang hinausgeht.

Tellheim ist aufgrund der dem stück vorgegebenen umstände zur tatenlosigkeit verdammt; zwar hat er die absicht, seine gekränkte ehre wieder herzustellen, er kann aber zu deren realisierung selbst nichts tun, da ihm aufgetragen ist, in Berlin ein königliches schreiben abzuwarten. Die in seiner umgebung ausgeführten handlungen anderer sind auf seine person bezogen. Für den zuschauer haben sie die funktion, ihm anhaltspunkte für die beurteilung der bühnenfigur Tellheim zu liefern. Da sich auch die ziele und die zu ihrer realisierung bereits ausgeführten handlungen der anderen gruppe - Minnas reise und quartiersuche in begleitung Franziskas - auf den zunächst noch unwissenden Tellheim richten, wird diese figur zum zentralpunkt des gesamten stücks, an dem alle fäden zusammenlaufen müssen.

Minna geht sowohl davon aus, daß sie alle zur erreichung ihres ziels notwendigen bedingungen erfüllt als auch davon, daß dies bei ihrem partner der fall ist. Die wesentlichsten adressatenbezogenen bedingungen, von deren erfüllung sie bei der verfolgung ihres ziels - die ehe mit Tellheim - ausgehen muß, sind:

(1) MINN geht mit grund davon aus, daß TELL imstande ist, mit ihr die ehe einzugehen
(dies setzt z. b. voraus, daß er nicht bereits anderweitig verheiratet ist)

(2) MINN geht mit grund davon aus, daß TELL willens ist, mit ihr die ehe einzugehen

(3) MINN geht mit grund davon aus, daß TELL gute gründe hat, mit ihr die ehe einzugehen
Zu den guten gründen gehören individuelle präferenzen wie emotive einstellungen und sozial verbindliche präferenzen wie moralische prinzipien gesellschaftlichen zusammenlebens.

Die art und weise der zielrealisierung ist nach Minnas einschätzung festgelegt: sie muß Tellheims aufenthaltsort ausfindig machen, ihn aufsuchen (bzw. ihn bitten, sie aufzusuchen), und aus ihrer begegnung ergibt sich ohne weiteres die erreichung ihres ziels.

Die für die anbahnung einer begegnung zwischen Minna und Tellheim geeignetste stückfigur ist der wirt, der sowohl Minna als auch Tellheim für seine ziele einspannt. Sein antrieb ist geldgier, die ihn dazu bringt, Minna um die schätzung eines kostbaren rings zu bitten, den Tellheim zur begleichung seiner rechnung bei ihm versetzt hat. Dieses anwesenheitsindiz, das Minna zurückerwirbt, veranlaßt sie, nach dem major zu suchen und ihn zu ihr schicken zu lassen, womit auch die interaktion zwischen den beiden gruppen - Just, Minna, Franziska - ausgelöst wird. Trotz der neuigkeit von Tellheims finanziellem unglück ist sich Minna ihres erfolgs ebenso sicher wie zu beginn ihrer reise:

> *Mich jammert er nicht. Unglück ist auch gut. Vielleicht, daß ihm der Himmel alles nahm, um ihm in mir alles wiederzugeben!*

(II, 7(2))

Die begegnung zwischen den beiden bringt für Minna nicht den von ihr im voraus berechneten erfolg. Tellheims verweigerung der von ihm geforderten handlung - die ehe mit Minna einzugehen - begründet dieser mit werturteilen inform expliziter oder impliziter normen:

(1) *Der Unglückliche muß garnichts lieben.*

(2) *Er verdient sein Unglück, wenn er diesen Sieg nicht über sich selbst zu erhalten weiß; wenn er es sich gefallen lassen kann, daß die, welche er liebt, an seinem Unglück Anteil nehmen dürfen.*

(3) *... Vernunft und Notwendigkeit befehlen mir, Minna von Barnhelm zu vergessen.*

(II,9)

Bevor Minna, akzeptierend oder infragestellend, auf diese begründungen eingeht, will sie sich der wesentlichsten voraussetzung zu ihrer zielrealisierung vergewissern: Tellheims liebe zu ihr:

> *Lassen Sie sehen, wo wir sind, ehe wir uns weiter verirren! - Wollen Sie mir die einzige Frage beantworten?*

(II,9)

Erst nach Tellheims positiver beantwortung ihrer frage geht sie auf dessen begründungen ein und verlangt ihrerseits für diese begründungen:

> *Aber lassen Sie doch hören, wie vernünftig diese Vernunft, wie notwendig diese Notwendigkeit ist.*

(II,9)

Tellheim beantwortet die ihm gestellte frage, indem er seine situation thematisiert und emotive einstellungen dazu zum ausdruck bringt. Er begründet also seine normativen urteile ihrerseits mit weiteren werturteilen:

> *Ich bin Tellheim der Verabschiedete, der an seiner Ehre gekränkte, der Krüppel, der Bettler. -*

---

(2) Die textstellen zitiere ich nach: LESSING, Gotthold Ephraim: Minna von Barnhelm oder das Soldatenglück. Ein Lustspiel in fünf Aufzügen. In: G.E.Lessing: Werke. Hrsg. v. J.Petersen/W. v. Olshausen, Bd. 2. Reprographischer Nachdruck der Ausgabe von 1925. Hildesheim/New York 1970, 13 - 91.

Jenem, mein Fräulein, versprachen Sie sich; wollen Sie diesem Wort halten?

(II,9)

Aus Minnas reaktion:

Das klingt sehr tragisch! - Doch, mein Herr, bis ich jenen wiederfinde - in die Tellheims bin ich nun einmal vernarret - dieser wird mir schon aus der Not helfen müssen. - Deine Hand, lieber Bettler! (indem sie ihn bei der Hand ergreift)

(II,9)

wird deutlich, daß sie Tellheims einstellungen nicht akzeptiert, oder genauer: daß sie diese nicht als begründungen für die unterlassung der von ihr geforderten handlung gelten läßt.

Damit ist die aktion zwischen Minna und Tellheim in den bereich der auseinandersetzung über soziale und individuelle präferenzen verschoben. Für Minna heißt das: die unmittelbare realisierung ihres ausgangsziels ist ausgeschlossen, da sie von dazu wesentlichen partnerbedingten voraussetzungen nicht mehr mit grund ausgehen kann. Für ihr weiteres handeln bleibt ihr nur die möglichkeit, die fehlenden voraussetzungen zu schaffen, und das bedeutet: darauf hinwirken, daß Tellheim seine einstellungen ändert. Das gleiche gilt umgekehrt für Tellheim, der Minna mit den worten verläßt:

Sie nie, nie wiederzusehen. - Oder doch so fest entschlossen, - keine Niederträchtigkeit zu begehen, - Sie keine Unbesonnenheit begehen zu lassen.

(II,9)

Er muß darauf hinwirken, daß Minna seine einstellungen akzeptiert, bzw. die ihren ändert.

Die von Tellheim vermittels behauptungs-/feststellungssätzen zum ausdruck gebrachten emotiven einstellungen haben die funktion, seine handlungsweise - in diesem fall eine echte unterlassung - zu begründen. Sie beziehen sich auf präferenzen, deren relevanz für die seiner meinung nach bestehende situation beansprucht wird. Die entsprechenden äußerungen stellen werturteile besonderer art dar. Bevor ich mich näher mit ihnen befasse, werde ich einen kleinen exkurs zum status von werturteilen überhaupt einfügen.

EXKURS: ZUM BESONDEREN STATUS VON WERTURTEILEN

Eine eingehende untersuchung von werturteilen als eine spezifische verwendungsweise kommunikativer handlungsmittel würde das format eines eigenen umfangreichen buches beanspruchen(3). Ich muß mich deshalb im rahmen meiner themenstellung auf das wesentliche - und da noch verkürzend - beschränken.

Durch werturteile werden emotive einstellungen des jeweiligen sprechers ausgedrückt. Zu emotiven einstellungen gehören sowohl praktische und ästhetische wie moralische wertungen. Die entsprechenden urteile sind im logischen sinn der begriffe weder wahr noch falsch: *Tatsächlich ist eine wertende Feststellung nichts anderes als eine Aufforderung (command) in einer irreführenden grammatischen Form. Sie kann Wirkungen auf das Handeln von Menschen haben, und diese Wirkungen können mit unseren Wünschen übereinstimmen oder nicht; jedoch ist sie weder wahr noch falsch*(4). Damit ist - ohne daß ich mich hier auf die strittige frage dennoch möglicher wahr-/falschheits-bewertungen von werturteilen einlassen will - bereits eine erste besondere kennzeichnung von werturteilen im vergleich zu anderen sprachlichen äußerungen feststellender art gegeben: sie sind handlungsvorschreibend oder präskriptiv(5). Diese charakterisierung bedarf allerdings einer weitergehenden präzisierenden bestimmung: feststellungen in ihrer eigenschaft als kommunikative handlungsmittel können - wie bereits betont wurde (vgl. s. 61f. dieser arbeit) - zur erreichung einer vielzahl von handlungszielen verwendet werden, unter anderem auch handlungsvorschreibend. Z. b. kann man mit der feststellung

(1) ES REGNET

jemanden dazu auffordern, den geplanten spaziergang zu unterlassen, einen regenschirm zu holen, die rosa angora-katze von der fensterbank zu verscheuchen usw. Andererseits kann man (1) auch verwenden, um sein bedauern auszudrücken, einen vorwurf zu machen, oder ganz einfach zu dokumentieren, daß man umweltveränderungen wahrnimmt usw. Die unterschiedlichen funktionen kommen den äußerungen aufgrund ihrer jeweiligen kontexte zu. - Ich gebrauche den ausdruck "kontext" hier als subsumption der für sprecher und adressat gleichermaßen relevanten zustandsannahmen und präferenzen sowie annahmen über diese. - Die präskriptive funktion von echten werturteilen ist

---

(3) Zur neueren,z.t. älteres zusammenfassenden, literatur zu diesem themenbereich vgl.: BAIER (1974), FOOT (1974), HARE (1973), KAMBARTEL (1974), SINGER (1975).

(4) R. CARNAP (1935): Philosophical and Logical Syntax. London,24. Deutsches Zitat aus: KAMBARTEL (1974),56.

(5) Vgl. dazu u. a. BAIER (1974), 178 ff. und HARE (1973), 45 ff.

demgegenüber kontextunabhängig. Mit einer äußerung wie:

(2) ABENTEUERROMANE SIND EINE SCHÖNE LEKTÜRE

empfehle ich - in einem besonderen sinn von "empfehlen", auf den ich noch zu sprechen kommen werde - immer. Das wertende, vorschreibende element der äußerung ist in ihrer proposition unmittelbar enthalten, es wird durch bestimmte wörter ausgedrückt. Solche wörter sind auf keine speziellen wortklassen festgelegt; sie können nomina - z. b. *LÜGNER, TROTTEL, BLÖDSINN, G'SCHAFTLHUBER* u. dgl. -, adjektive - z. b. *GUT, SCHLECHT, RICHTIG* (im sinn von "angemessen"), *NÜTZLICH* u. dgl. -, verben - z. b. *VERTRÖDELN, VERPLEMPERN, GAMMELN* u. dgl. - sein oder auch modale elemente wie *SOLL, SOLLTE, MUß, DARF* usw.

Ich habe gesagt, daß man mit werturteilen auf eine besondere art empfiehlt oder vorschreibt. Damit ist nicht gemeint, daß sie mit aufforderungen gleichzusetzen seien. Der äußerer von werturteilen bezieht sich häufig, z. b. wenn er seine einstellung zu gegenständen durch wörter wie *SCHÖN, ANGENEHM, SCHLECHT, HÄßLICH* usw. ausdrückt, auf keine bestimmten zukünftigen handlungen, d. h. der handlungsbereich, für den die entsprechende einstellung relevant werden kann, bleibt unspezifiziert. Insofern könnte man werturteile auch als aufforderungen zu nicht festgelegten handlungen verstehen. Für ein solches verständnis spricht weniger die tatsache, daß durch werturteile zukünftige handlungen überhaupt erst ermöglicht oder auf eine ganz besondere weise ermöglicht werden können, sondern vor allem die tatsache, daß sie im fall bestimmter vollzogener handlungen als deren nicht kausale ursache angesehen werden müssen. Wenn zum beispiel eine person A einer anderen person B gegenüber seine einstellung zum ausdruck bringt:

(3) HIMBEERBONBONS SIND EINE BESONDERE KÖSTLICHKEIT

dann muß er zu einem späteren zeitpunkt dieses urteil als eine nicht kausale ursache dafür betrachten, daß B ihm eine große tüte himbeerbonbons schenkt. Umgekehrt liefert die äußerung der person B einen wichtigen guten grund für seine handlungen des bonbonkaufs und verschenkens. Für beide partner hat urteil (3) die funktion einer handlungsorientierung, für beide wäre es unvernünftig (im sinn von "unkooperativ"), dies im nachhinein zu bestreiten.

Zur eigenschaft von präskriptivität - in ihrer unspezifizierten form als allgemeine handlungsorientierung - muß vor allem bei denjenigen werturteilen, mit denen sich der sprecher auf handlungen bezieht, die eigenschaft ihrer universalisierbarkeit hinzukommen(6). Universalisierbarkeit von handlungsbewertenden urteilen bezieht sich auf zwei geltungsbereiche:

- einmal: auf den geltungsbereich zukünftiger handlungen des sprechers selbst, d. h. das gefällte urteil gilt nicht nur für die singuläre handlung mit ihren speziellen umständen, unter denen es geäußert wird, sondern für alle vergleichbaren handlungen unter vergleichbaren umständen.
- zum andern: den geltungsbereich von handlungen aller anderen mitglieder einer bestimmten sprach- und handlungsgesellschaft, d. h. das gefällte urteil gilt nicht nur für den speziellen fall (person, handlung, umstände), sondern für alle vergleichbaren handlungen von handelnden subjekten in vergleichbaren umständen.

Diese bestimmung klingt so, als könnte man durch einmal abgegebene werturteile den handlungsspielraum von einem selbst wie von allen anderen mitgliedern seiner gesellschaft streng determinieren. Diesem möglichen mißverständnis begegnet Hare m. e. zurecht folgendermaßen:

> *Es gibt Leute, die annehmen, ein Universalist müsse notwendigerweise ein 'Gschaftlhuber' sein. Denn wenn jedes moralische Urteil über meinen eigenen Fall ein ähnliches Urteil über ähnliche Fälle auch anderer Leute beinhaltet - und dies ist ja die These des Universalisten -, muß dann dieser nicht ein Mensch sein, der nichts Besseres zu tun weiß als ständig nur moralische Urteile an andere Leute weiterzuliefern? Und ist dies denn nicht ein gerade unerträglich anmaßendes Geschäft? Darauf ist zunächst zu antworten: Über die Handlung eines anderen ein moralisches Urteil fällen, heißt nicht notwendigerweise auch schon an die große Glocke hängen, daß der andere gut oder schlecht gehandelt hat. Schließlich kann man seine moralischen Meinungen für sich behalten - und aus Anstand tut man das normalerweise auch. Doch diese Antwort auf den Einwand reicht noch nicht tief genug. Eine bedeutendere Antwort ist: Alles, worauf sich der Universalist durch sein moralisches Urteil festlegt, ist seine Behauptung, daß man dann, wenn sich jemand anders in einer ähnlichen Lage befindet, darüber das gleiche Urteil fällen muß. Da wir aber über die konkrete Lage eines anderen nichts wissen können, (einschließlich, wie diese ihn berührt - was gerade das entscheidende Moment sein kann), ist*

---

(6) Vgl. BAIER (1974), 185: *Moralische Regeln gelten für alle.* HARE (1973), bes. 50 ff.
SINGER (1975), 86 ff. spricht von dem *Argument der Verallgemeinerung*, das auf moralische urteile zutreffen muß.

> *es fast immer vermessen anzunehmen, daß die Lage des anderen genau der gleicht, in der wir selbst schon gewesen sind, oder ihr auch nur in den relevanten Einzelheiten ähnlich ist. Wenn uns der andere um einen Ratschlag angeht, dann sollten wir ihm, wenn wir verständig sind, ganz behutsam zunächst einige Fragen über seine Lage stellen. Stellt sich dann nach dieser behutsamen und einfühlenden Nachfrage heraus, daß seine Lage zu einem guten Teil einer solchen ähnlich ist, vor der wir auch schon einmal gestanden haben, oder sind wir mit genügend einfühlender Vorstellungskraft begabt, uns auch ohne vorhergehende eigene Erfahrung in seine Lage versetzen zu können, dann erst haben wir vielleicht eine Möglichkeit, ihm so etwas wie einen Ratschlag zu geben; und obwohl sich dieser Ratschlag auf eine behutsame Prüfung der besonderen Details seines Falls gründet, wird er doch so sein müssen, daß wir ihn in* jedem *Fall geben könnten*(7).

Der bereich, auf den werturteile, bzw. moralische urteile (d. h. wertende urteile, die auf handlungen bezogen sind) ihre anwendungen finden, kann unterschiedlich allgemein oder spezifisch sein(8). Z. b. ist das urteil

(4) EIN LEHRER EINER ÖFFENTLICHEN SCHULE DARF SEINE SCHÜLER NICHT KÖRPERLICH ZÜCHTIGEN

allgemeiner als

(5) EIN LEHRER EINER ÖFFENTLICHEN SCHULE DARF SEINE SCHÜLER WÄHREND DES UNTERRICHTS NICHT KÖRPERLICH ZÜCHTIGEN

Gegenüber dem allgemeineren urteil

(6) NIEMAND DARF EINEN ANDEREN MIT VORGETÄUSCHTEN BEWEISMITTELN ZU EINEM GESTÄNDNIS ZWINGEN

ist

(7) KEIN DEUTSCHER KRIMINALBEAMTER DARF EINEN MUTMAẞLICHEN VERBRECHER MIT VORGETÄUSCHTEN BEWEISMITTELN ZU EINEM GESTÄNDNIS ZWINGEN

das spezifischere urteil.

Beide formen moralischer urteile unterliegen gleichermaßen den bedingungen von präskriptivität und universalisierbarkeit.

---

(7) HARE (1973), 63/4.

(8) Vgl. HARE (1973), 53/54.

Für moralische urteile sind neben der gültigkeit bestimmter prinzipien auch tatsachenurteile(9) relevant, und je spezifischer ein werturteil gefällt ist, desto mehr tatsachenurteile sind ausschlaggebend. Durch sie wird der anwendungsbereich des moralischen prinzips, das die proposition des betreffenden urteils ausmacht, festgelegt. Einwände gegen vorgebrachte werturteile können auf zweierlei weisen erfolgen:

- einmal kann mit ihnen auf die grundsätzliche nichtgültigkeit des prinzips verwiesen werden, etwa derart:

  (8) EIN SOLCHES PRINZIP KANN MAN GAR NICHT ANWENDEN

  eine mögliche begründung dafür wäre z. b.:

  (9) DU KANNST PRINZIP X NICHT ANWENDEN, OHNE GLEICHZEITIG PRINZIP Y ZU VERLETZEN

  Können sich die beiden kontrahenten darauf einigen, daß prinzip Y prinzip X übergeordnet ist - daß es einer höheren präferenz entspricht - dann ist die moralische auseinandersetzung zunächst und für den infragestehenden fall beendet. Erweisen sich allerdings die präferenzen der beiden als in ihrer hierarchie miteinander unversöhnlich, dann wird die kommunikation zwischen den beiden in diesem punkt zusammenbrechen.

- zum andern kann mit einem einwand auf die nicht-anwendbarkeit des prinzips auf eine ganz bestimmte situation verwiesen werden, etwa derart:

  (10) JETZT, HIER UND UNTER DEN GEGEBENEN UMSTÄNDEN KANN MAN PRINZIP X NICHT ANWENDEN

  Eine mögliche begründung dafür wäre z. b.:

  (11) RELEVANT SIND TATSACHEN a, b UND c, ABER NICHT AUCH NOCH d UND e

  oder auch:

  (12) FÜR DIE ANWENDUNG VON X IST DAS ZUTREFFEN VON f NÖTIG; f TRIFFT HIER ABER NICHT ZU

---

(9) Vgl. FOOT (1974), 254/5:
"Wer sich überhaupt moralischer Begriffe bedient, ob nun zur Vertretung oder Ablehnung einer moralischen Behauptung, muß sich an deren Gebrauchsregeln halten, inklusive der Regeln, die festlegen, was als Argument für oder gegen das betreffende Moralurteil gilt. Trotz allem, was bisher Gegenteiliges dargelegt wurde, könnten diese Regeln Ableitungsregeln sein, die es verbieten, Tatsachenaussagen zu behaupten und zugleich Moralaussagen abzulehnen." (Hervorhebung von mir)

Mit den einwänden beabsichtigt der prinzipiengegner, bei seinem partner eine änderung von dessen zustandsannahmen zu bewirken. Von dieser art moralischer argumentation wird häufig gebrauch gemacht(10). Sind die bemühungen erfolglos und will der einwendende sprecher trotzdem die anwendung des infragestehenden prinzips verhindern, so bleibt ihm nur noch die möglichkeit, die bestehenden zustände so zu ändern, daß sie für den kontrahenten keinen anwendungsbereich seines prinzips mehr darstellen.

ENDE DES EXKURSES

Die moralischen urteile, die Tellheim als begründungen für die unterlassung der von ihm geforderten handlung vorbringt, sind unterschiedlich allgemein. Mit

(1) Der Unglückliche muß gar nichts lieben

thematisiert er ein allgemeines prinzip, das insofern auf ihn zutrifft, als er die bedingung, ein *Unglücklicher* zu sein, erfüllt. Die argumentative struktur, die die äußerung in ihrer funktion als handlungsbegründung hat, wäre die folgende:

{TELL ist ein unglücklicher} —— deshalb: {TELL darf gar nichts lieben}

wegen:

{ein unglücklicher darf gar nichts lieben}

aufgrund:

{gültigkeit des prinzips!}

Demgegenüber ist

(3) Vernunft und Notwendigkeit befehlen mir , Minna von Barnhelm zu vergessen

spezifischer. Mit diesem urteil wird auf die gültigkeit des prinzips für eine ganz bestimmte handlungsweise, in diesem fall eine unterlassung, verwiesen. Es impliziert als begründungsäußerung - im gegensatz zu (1) - keinen schluß von einem allgemeinen prinzip auf dessen anwendbarkeit in einer bestimmten situation.

---

(10) Ein besonders eindrücklicher fall dieser art moralischer auseinandersetzung ist z. b. die aktuelle diskussion über den bau von atomkraftwerken.

In beiden fällen und unabhängig von dem jeweiligen allgemeinen oder spezifischen charakter der vorgebrachten moralischen urteile hat Minna drei möglichkeiten, bei Tellheim eine änderung seiner einstellungen zu bewirken:

(1) einmal: sie überzeugt Tellheim davon, daß er seine prinzipien nicht anwenden kann, ohne damit zugleich ein höheres prinzip, das einer entsprechenden höheren präferenz entspricht, zu verletzen

(2) zweitens: sie überzeugt Tellheim davon, daß seine kriterien für den anwendungsbereich der prinzipien falsch (unzutreffend) sind

(3) drittens: sie bewirkt zustandsveränderungen, so daß Tellheims prinzipien keinen anwendungsbereich finden

Das gleiche gilt natürlich umgekehrt für die bühnenfigur des Major von Tellheim, der sein ziel zunächst vermittels eines briefes, den er Minna durch Just schicken käßt, zu erreichen versucht. Dies löst einmal die begegnung zwischen Franziska und Just, zum andern die zwischen Franziska und Paul Werner aus, zwar nicht als notwendigkeit - es könnten auch andere begegnungen stattfinden, zumal der schauplatz ein gasthof ist - aber doch als begründete möglichkeiten. Nicht als folge des primären handlungszusammenhangs zwischen Minna und Tellheim ist das auftreten Werners zu erklären - es gehört zu den folgen der in der exposition vorgegebenen umstände, und seine funktion ist wesentlich zuschauerorientiert, zumindest was die begegnung mit Tellheim betrifft, in deren verlauf diesem die gelegenheit gegeben wird, abermals seine sture prinzipienabhängigkeit zur schau zu stellen. Seine einstellungen und die entsprechenden moralischen urteile beziehen sich auf geld:

(4) Es ziemt sich nicht, daß ich dein Schuldner bin

(5) Man muß nicht borgen, wenn man nicht wiederzugeben weiß

(6) Am wenigsten muß man sodann von einem borgen, der sein Geld selbst braucht
(III,7)

Minna lehnt die form schriftlicher kommunikation ab: sie bestellt Tellheim zu sich, um die moralische argumentation mündlich zu führen. Für den fall, daß sie Tellheim nicht von der unangemessenheit seiner einstellung überzeugen kann, hat sie ein erfolgversprechendes mittel ersonnen:

> *(zu Franziska:) Nein, liebe Närrin, e i n e s Fehlers wegen entsagt man keinem Manne. Nein; aber ein Streich ist mir beigefallen, ihn wegen dieses Stolzes mit ähnlichem Stolze ein wenig zu martern.*

(III,12)

Durch diese indirekte absichtserklärung Minnas wird ihre geplante strategie Tellheim gegenüber bereits in umrissen deutlich: sie will sich dessen einstellungen zum schein zu eigen machen. Dies setzt voraus, daß Minna davon ausgeht, daß Tellheim seine begründungen für die unterlassung der von ihm geforderten handlung nicht als begründung für die unterlassung der gleichen handlung durch Minna gelten lassen wird, wodurch Tellheims handlungsweise ad absurdum geführt wäre. Denn entweder gelten nach dem prinzip der universalisierbarkeit die begründungen unter den gleichen umständen für alle handlungen des gleichen typs, bzw. deren unterlassungen, oder sie können unter den gleichen umständen für keine handlung des gleichen typs, bzw. deren unterlassungen gelten. Um dies deutlich zu machen und Tellheim damit zu einer änderung seiner einstellungen bringen zu können, ist es für Minna notwendig, sich so darzustellen, als befände sie sich in den gleichen mißlichen umständen wie Tellheim, den sie so gut zu kennen glaubt, daß sie Franziska gegenüber behaupten kann:

> *Du wirst sehen, daß ich ihn von Grund aus kenne. Der Mann, der mich jetzt mit allen Reichtümern verweigert, wird mich der ganzen Welt streitig machen, sobald er hört, daß ich unglücklich und verlassen bin.*

(IV,1)

Zwischen der vorbereitung des *Streiches* und der begegnung zwischen Minna und Tellheim liegt der auftritt Riccauts, der speziell für den handlungszusammenhang zwischen den beiden keine funktion hat und den ich deshalb übergehen kann. Die aktion zwischen Werner und Franziska ist eine folge des primären handlungszusammenhangs, der mit dem erscheinen Tellheims bei Franziska (IV,6) weitergeführt wird.

Zu beginn der begegnung versucht Minna zunächst den ausgang ihrer unterredung am vormittag als mißverständnis hinzustellen, doch Tellheim beharrt auf seinen bereits vorgebrachten einstellungen: *Nichts als was mir die Ehre befiehlt* IV,6), was Minna ihrerseits als begründung interpretiert für:

> *Das ist, ein ehrliches Mädchen, das Sie liebt, nicht sitzen zu lassen. Freilich befiehlt das die Ehre.*
>
> *Sie könnten eines so häßlichen Streiches nicht fähig sein, daß Sie mich nun nicht wollten? Wissen Sie, daß ich auf Zeit meines Lebens beschimpft wäre? Meine Landsmänninen würden mit Fingern auf mich weisen...*

(IV,6)

Minna weist ihren partner darauf hin, daß das festhalten an seiner *Ehre* den verlust ihrer *Ehre* zur folge hätte, d. h. sie verwendet ein moralisches argument derart:

(1) WENN PRINZIP X ANGEWENDET WIRD, VERLETZT MAN DAMIT AUCH EIN PRINZIP Y

Die weigerung Tellheims macht deutlich, daß die wahrung seiner persönlichen *Ehre* einer höheren präferenz entspricht; für ihn ist mit der anwendung des ehrprinzips keine verletzung eines anderen prinzips verbunden. Nachdem Tellheim die gründe für seine einstellung zu seiner lage - wiederum wertend: *abgedankter, an seiner Ehre gekränkter Offizier, Krüppel, Bettler ...* - gegeben hat, zieht Minna das folgende fazit:

> *Ihre lachende Freundin beurteilt Ihre Umstände weit richtiger als Sie selbst. Weil Sie verabschiedet sind, nennen Sie sich an Ihrer Ehre gekränkt; weil Sie einen Schuß in dem Arme haben, machen Sie sich zu einem Krüppel! Ist das so recht? Und ist es meine Einrichtung, daß alle Übertreibungen des Lächerlichen so fähig sind? Ich wette, wenn ich Ihren Bettler nun vornehme, daß auch dieser ebenso wenig Stich halten ... Wenn Ihnen auch nichts übrig geblieben ist, als was mein Oheim für Sie mitbringt.*

(IV,6)

Tellheims reaktion auf die letzte äußerung: *Ihr Oheim, gnädiges Fräulein, wird für mich nichts mitbringen* hat auf anfragen Minnas die darstellung des finanziellen mißgeschicks zur folge, das Tellheim in den verruf der bestechung brachte, wodurch er seine *Ehre für gekränkt* hält. Minna akzeptiert auch diese einstellung nicht, sie leugnet die moralische, prinzipienbildende existenz dessen, was Tellheim *Ehre* nennt:

> *Oh, über die wilden, unbiegsamen Männer, die nur immer ihr stieres Auge auf das Gespenst der Ehre haften! für alles andere Gefühl sich verhärten!*

(IV,6)

Damit ist die auseinandersetzung an einen punkt gekommen, an dem die handlungsbegründungen präferenzen höchster ordnung thematisieren, die nicht weiter begründbar sind. Die unterschiedlichen präferenzhierarchien der beiden partner sind argumentativ unversöhnlich. Dies bedeutet im allgemeinen zusammenbruch der entsprechenden kommunikativen bemühungen. In Lessings lustspiel mündet der disput über das prinzip der *Ehre* dann auch folgerichtig in eine tautologie:

TELL: Ich brauche keine Gnade, ich will Gerechtigkeit. Meine Ehre -

MINN: Die Ehre eines Mannes wie Sie -

TELL: (hitzig) Nein, mein Fräulein, Sie werden von allen Dingen recht gut urteilen können, nur hierüber nicht. Die Ehre ist nicht die Stimme unseres Gewissens, nicht das Zeugnis weniger Rechtschaffenen -

MINN: Nein, nein, ich weiß wohl -. Die Ehre ist - die Ehre .

(IV,6)

Der zusammenbruch der kommunikation zwischen Minna und Tellheim wird darüber hinaus im weiteren verlauf durch die ständige wiederholung moralischer urteile durch Tellheim verdeutlicht:

(7) Wenn man mir das Meinige so schimpflich vorenthält, wenn meiner Ehre nicht die vollkommenste Genugtuung geschieht, so kann ich, mein Fräulein, der Ihrige nicht sein, denn ich bin es in den Augen der Welt nicht wert zu sein.

(8) Das Fräulein von Barnhelm verdient einen unbescholtenen Mann

(9) Es ist eine nichtswürdige Liebe, die kein Bedenken trägt, ihren Gegenstand der Verachtung auszusetzen.

(10) Es ist ein nichtswürdiger Mann, der sich nicht schämet, sein ganzes Glück einem Frauenzimmer zu verdanken, dessen blinde Zärtlichkeit -

(IV,6)

Da Minna diese moralischen urteile nicht mehr argumentativ widerlegen kann (sie hat bereits von den beiden grundsätzlichen möglichkeiten gebrauch gemacht), muß sie zum mittel des ihr *beigefallenen Streiches* greifen. Diesen bereitet sie damit vor, daß sie, zum schein Tellheims einstellungen akzeptierend, diesem seinen ring zurückgibt, den sie einst von ihm erhalten hat, von dem der zuschauer jedoch weiß, daß es Tellheims eigener ist. Die information über ihr *Unglück* überläßt sie - die wirkung auf Tellheim ist wohlkalkuliert - ihrer kammerzofe Franziska.

Nach dem ausgebliebenen erfolg der argumentativen bemühungen Minnas, Tellheim sowohl von der nicht-anwendbarkeit seiner prinzipien (im wesentlichen sind sie alle aus dem abstrakten obersten prinzip der *Ehre* abgeleitet) als auch von der möglichkeit einer verletzung anderer prinzipien (z. b. ihrer eigenen *Ehre*) zu überzeugen, nimmt sie die ihr noch verbleibende möglichkeit - zustandsänderungen zu bewirken - in einer ganz besonderen weise wahr: die von ihr angestrebte zustandsveränderung richtet sich nicht auf eine faktische veränderung, sondern auf Tellheims annahmen. Diese sollen so beeinflußt werden, daß sie eine übertragung der eigenen situation - mit den gleichen wertenden einstellungen - auf Minna zulassen.

Die information über das *Unglück* des Fräulein von Barnhelm bewirkt in der tat eine wesentliche veränderung von Tellheims einstellung zur bisher unterlassenen handlung:

> *Ihr Unglück hebt mich empor, ich sehe wieder frei um mich und fühle mich willig und stark, alles für sie zu unternehmen.*

(V, 2)

Da es jedoch Minnas absicht ist, nicht nur Tellheims einstellung zur geforderten handlung zu ändern, sondern ihn von der falschheit seiner moralischen prinzipien und ihrer speziellen anwendbarkeit zu überzeugen - ihr handlungsziel, das ihrem primären ziel, der ehe mit Tellheim, unterstellt ist, ist eine bestimmte emotive einstellung des partners - kann sie zunächst noch nicht auf dessen unmittelbares reagieren eingehen; sie muß erst ihre sekundäre absicht, Tellheims einstellungen betreffend, mit erfolg realisiert haben. Auf Tellheims argument:

(10) Gleichheit ist immer das festere Band der Liebe
(V, 5)

reagiert sie mit purem widerstand, der sich allerdings als sehr effizientes mittel zur erreichung ihres primären ziels erweist. Tellheim:

> *Durch mich, Minna, verlieren Sie Freunde und Anverwandte, Vermögen und Vaterland. Durch mich, in mir müssen Sie alles dieses wiederfinden, oder ich habe das Verderben der Liebenswürdigsten Ihres Geschlechts auf meinem Gewissen ...*

(V, 5)

Bevor sich Minna vom erfolg ihrer strategie überzeugen kann, wird Tellheim das erwartete königliche schreiben überbracht, in dem ihm seine vollständige rehabilitierung bescheinigt wird. Diesen faktischen zustand bezieht Minna in ihre handlungsstrategie mit ein: Da Tellheim die situation jetzt so einschätzen muß wie sie bei ihrer ersten und zweiten begegnung, macht sie sich dessen ursprüngliche einstellungen zu eigen *(ihn mit ähnlichem Stolze ein wenig zu martern)* und liefert mit ihren äußerungen ein perfektes spiegelbild früherer äußerungen Tellheims:

(9) Es ist eine nichtswürdige Liebe, die keine Bedenken trägt, ihren Gegenstand der Verachtung auszusetzen

(11) Gleichheit ist allein das feste Band der Liebe

(8) Ich weise Sie in die große Welt, auf die Bahn der Ehre zurück, ohne Ihnen dahin folgen zu wollen. - Dort braucht Tellheim eine unbescholtene Gattin.

(10) *Es ist eine nichtswürdige Kreatur, die sich nicht schämt, ihr blindes Glück der Zärtlichkeit eines Mannes zu verdanken.*
(V, 9)

Tellheims reaktion: *falsch, grundfalsch* sowie seine übrigen zurückweisungen garantieren Minna zwar die erreichung ihres primären handlungsziels; ob sie jedoch auch eine grundsätzliche veränderung von Tellheims einstellung zu handlungsprinzipien und deren anwendbarkeit bewirkt hat, bleibt für den zuschauer des Lessingschen lustspiels offen.

Der rest des geschehens ist gekennzeichnet durch die fast mechanische aufdröselung der angestifteten verwicklungen - besonders der ringaffäre - und durch das erscheinen des oheims, der seinen väterlichen segen zum glücklichen ende erteilt.

Zum abschluß noch eine bemerkung zu einer möglichen interpretationsrichtung: Der dramenautor Lessing verarbeitet in seinem lustspiel "Minna von Barnhelm" moralische urteile, deren verwendungen durch die beiden hauptpersonen Minna und Tellheim widersprüchlich dargestellt werden. Die widersprüchlichkeit der verwendung besteht darin, daß die gültigkeit der urteile einmal von Tellheim kategorisch beansprucht wird, daß aber andererseits Minna davon ausgeht, daß Tellheim sie im fall ihrer beanspruchung unter den gleichen umständen nicht akzeptieren würde. Erstaunlich dabei ist, daß sich Minna ziemlich sicher ist, daß die von Tellheim vorgebrachten moralischen urteile keine in ihrer gesellschaft universalisierbaren sind, bzw. nicht als solche gelten können. Dies trifft besonders auf das moralische prinzip der *Ehre* zu, dessen geltung Tellheim zwar für sich uneingeschränkt beansprucht, das er jedoch für Minna nicht akzeptiert. Für seine handlungen hat er ein absolutes moralisches prinzip *Ehre* gesetzt, ohne eigentlich zu wissen, was *Ehre* ist - *die Ehre ist die Ehre,* dieser tautologischen feststellung Minnas hat er nichts entgegenzuhalten. Er ist deshalb auch außerstande sich vorstellen zu können, was die *Ehre* anderer personen, etwa Minnas ausmacht. Dies läßt den schluß zu, daß in Minnas und Tellheims gesellschaft dem moralischen prinzip *Ehre* keine handlungen zugeordnet sind, deren ausführungen oder unterlassungen mit diesem prinzip begründet werden könnten. Oder historisch ausgedrückt: *Ehre* ist ein moralisches prinzip der feudalistischen gesellschaft, das für eine aufkommende bürgerlich-kapitalistische gesellschaft seine gültigkeit als handlungsbegründung verloren hat(11).

---

(11) Zu ganz ähnlichen ergebnissen kommt auf anderen -

Es bleibt noch zu klären, inwieweit man durch eine nähere untersuchung von handlungszusammenhängen eines theaterstücks, wie sie hier unternommen wurde, kommentare oder inhaltsangaben hinsichtlich ihrer adäquatheit beurteilen und dieses urteil begründen kann.

Die zitierte inhaltsangabe des Reclamschen Schauspielführers ist in der hauptsache auf den handlungszusammenhang zwischen den beiden hauptpersonen Minna und Tellheim konzentriert. Da das übrige geschehen im wesentlichen - sofern es nicht vom autor vorgegeben ist - eine folge dieses handlungszusammenhangs darstellt, scheint mir die konzentration gerechtfertigt. Bei der speziellen darstellung sind jedoch zwei fehler anzumerken:

(1) *Schon droht sich die Handlung tragisch zuzuspitzen*
Dies ist eine aussage aus der perspektive Tellheims, der von Minnas ringvertauschung nichts weiß und deshalb ihre handlungen dem wirt gegenüber in einer für ihn negativen, *tragischen* weise interpretiert. Der zuschauer ist jedoch in Minnas handlungsstrategie genauestens eingeweiht.

(2) *Der fromme Betrug Minnas klärt sich auf, der Major wird durch das Eingreifen des Königs rehabiliert.*
Die reihenfolge ist umgekehrt: Tellheims rehabilitierung bedingt die wahl der mittel, mit denen Minna ihren *frommen Betrug* ausführt, sie ist gerade die faktische voraussetzung dafür, daß sie von der spezifischen möglichkeit moralischer auseinandersetzungen - einer zustandsveränderung besonderer art - gebrauch machen kann.

Zu einer präzisierenden beurteilung von handlungskommentaren bzw. inhaltsangaben können vor allem zwei fragestellungen als kriterien verwendet werden:

(1) in welcher weise tragen die jeweils kommentierten handlungen zur erreichung der ziele der handelnden personen bei?
(2) aus welcher perspektive - handelnde personen, zuschauer, beurteiler - werden die jeweiligen handlungen kommentiert?

Die möglichkeit zu solchen fragestellungen setzt natürlich eine eingehende untersuchung der jeweils dargestellten handlungszusammenhänge voraus. Sie sind aus dieser ableitbar und können auf handlungskommentare bezogen werden, so daß man zurecht die anwendbarkeit des hier entwickelten verfahrens auf kommunikationsvorkommen über theatrale handlungszusammenhänge postulieren kann.

---

soziologisch/philosophischen - wegen H. SCHLAFFER, in: SCHLAFFER, Heinz (1973): Der Bürger als Held. II. Tragödie und Komödie - Ehre und Geld. Lessings "Minna von Barnhelm". Frankfurt, 86 - 126.

ABSCHLIESSENDES

Das in der einleitung ankgekündigte vorhaben ist nun ausgeführt: ich habe zuerst ein allgemeines handlungskonzept entwickelt, das in zwei richtungen ausdifferenziert wurde: einmal als handlungstheoretischer bestimmungsrahmen für die erfassung von besonderheiten kommunikativer - speziell: sprachlicher - handlungen, zum andern als erklärungsinstrument bei der untersuchung von zusammenhängenden handlungsabfolgen. Ich habe dann anwendungsmöglichkeiten des entwickelten konzepts in exemplarischer weise an verschiedenen texten gezeigt. Dabei hat sich herausgestellt, daß durch den jeweils gewählten gegenstandsbereich zwar die spezifische verwendungsweise des handlungskonzepts determiniert wird, daß aber andererseits dessen grundsätzliche verwendbarkeit als erklärungsinstrument nie infrage steht, sich nie als inadäquat oder unergiebig für die erklärung von handlungszusammenhängen erweist.

Über die in dieser arbeit wahrgenommenen möglichkeiten der verwendung des entwickelten handlungskonzepts hinaus sehe ich noch eine reihe von möglichkeiten, die ich zum guten schluß andeuten werde. Sie weisen in zwei richtungen:

(1) einmal auf die verwendung des handlungskonzepts als bestimmungsrahmen für spezielle regeln sprachlicher äußerungen,
(2) zum andern auf die verwendung des handlungskonzepts als erklärungsrahmen für weitere theatrale gegenstandsbereiche.

Zu (1): sprachliche äußerungen sind in dieser arbeit vorwiegend durch ihre kommunikative funktion bestimmt, von den jeweiligen formulierungen wurde weitgehend abgesehen. Diese könnten unter berücksichtigung der entwickelten kategorialen aspekte jedoch als ein gesonderter gegenstandsbereich behandelt werden. Probleme wie z. b. thematisierung, intonation oder satzkomplexität könnten unter zwei gesichtspunkten untersucht werden: unter dem gesichtspunkt jeweils möglicher funktional gleichwertiger formulierungen, d. h. verschiedener gebrauchsweisen ein und desselben kommunikativen handlungsmittels: und unter dem gesichtspunkt unterschiedlicher verwendungssituationen für funktional gleichwertige formulierungen. Im ersten fall liegt der hauptakzent des interesses auf semantischen und syntaktischen regeln, wobei diese nicht nur als erzeugungsmechanismen für wohlgeformte und wahrheitsfähige aussagen, sondern zugleich als erzeugungsmechanismen für effiziente und ökonomische ausführungen von kommunikativen handlungen berücksichtigt werden. Im zweiten fall richtet sich das interesse im wesentlichen auf pragmatische faktoren, die an beispielen einzelner kommunikationsvorkommen analysiert werden müssen. In beiden fällen zielen die angedeuteten möglichkeiten auf eine integration von syntax, semantik und pragmatik in ein sprachadäquates handlungskonzept.

Zu (2): Mit einer erweiterung des theatralen gegenstandsbereichs könnte man auf zweierlei systematisierungen hinarbeiten:

- auf eine systematisierung vorkommender kombinationen von zuschauerperspektiven. Dies würde einmal eine exakte beschreibung von publikumsrezeption, zum andern eine klassifizierung der theatralen texte selbst ermöglichen, mit der differenzierungen für die begriffe "komisch" und "tragisch" angeboten würden.

- auf eine systematisierung theatraler handlungen nach dem kriterium ihrer lokalisierung auf verschiedenen stadien einer gesamthandlung. Damit könnten theaterstücke hinsichtlich der vollständigkeit der in ihnen vorkommenden handlungen näher bestimmt werden, z. b. als solche, in denen präferenzen und mögliche handlungsziele zwar thematisiert, aber keine entsprechenden handlungen ausgeführt werden (Gorki, Hórvath); als solche, in denen handlungen vorgeführt werden, ohne daß sie einem erkennbaren ziel dienen (Ibsen) oder als solche, in denen sowohl erkennbare ziele wie auch die entsprechenden handlungsausführungen festgestellt werden können, letztere aber mit völlig untauglichen mitteln (Feydeau, Labiche) und sicher noch eine ganze reihe anderer möglichkeiten.

LITERATUR:

ADATO, Albert (1976): Alltägliche Ereignisse - ungewöhnlich erfahren. Eine vergleichende Untersuchung von Erfahrungen des Abschiednehmens. In: Weingarten/Sack/Schenkein (Hrsg): Ethnomethodologie. Beiträge zu einer Soziologie des Alltagshandelns. Frankfurt 1976, 179 - 202.

AUSTIN, John L. (1974): Ein Plädoyer für Entschuldigungen. Dt. in: Grewendorf/Meggle (Hrsg): Linguistik und Philosophie. Frankfurt 1974, 32 - 64.

AUSTIN, John L. (1972): Zur Theorie der Sprechakte. (How to do things with words.) Dt. v. E. von Savigny. Stuttgart.

BAUMGÄRTNER, Klaus (1977): Lexikalische systeme möglicher Performative. In: Zeitschrift für germanistische Linguistik. 5.3, 257 - 276.

BAIER, Kurt (1974): Der Standpunkt der Moral. Eine rationale Grundlegung der Ethik. Dt. von R. v. Savigny. Düsseldorf.

BOCKELMANN, Paul (1975): Strafrecht - Allgemeiner Teil. 2. Auflage. München.

BRENNENSTUHL, Waltraud (1975): Handlungstheorie und Handlungslogik.
Vorbereitungen zur Entwicklung einer sprachadäquaten Handlungslogik. Kronberg/Ts.

BRAUNROTH/SEYFERT u.a. (1975): Ansätze und Aufgaben einer linguistischen Pragmatik. Frankfurt.

BUBNER, Rüdiger (1976): Handlung, Sprache und Vernunft. Frankfurt.

EHLICH, Konrad/REHBEIN, Jochen (1972): Zur Konstitution pragmatischer Einheiten in einer Institution: Das Speiserestaurant. In: Wunderlich (Hrsg): Linguistische Pragmatik. Frankfurt 1974, 209 - 254.

FALKENBERG, Gabriel (1975): Intentionale Semantik und kooperatives Handeln. In: Leist (Hrsg): Ansätze zur materialistischen Sprachtheorie. Kronberg/Ts. 1975, 279 - 291.

FOOT, Ph. (1974): Moralische Argumentationen. In: Grewendorf/Meggle (Hrsg): Seminar: Sprache und Ethik. Frankfurt 1974, 244 - 259.

FORGUSON, L.W. (1969): Austin's Philosophy of Action. In: Fann (Hrsg): Symposion on Austin. London 1969, 127 - 147.

GORDON, David/ LAKOFF, George (1975): Conversational Postulates. In: Cole/Morgan (Hrsg): Syntax and Semantics. Volume 3: Speech Acts. New York/San Francisco/London 1975, 83 - 106.

GRICE, H. Paul (1967): Meaning. In: Strawson (Hrsg): Philosophical Logic. Oxford 1967, 39 - 48.

GRICE, H. Paul (1975): Logic and Conversation. In: Cole/Morgan (Hrsg): Syntax and Semantics. Volume 3: Speech Acts. New York/San Francisco/ London 1975, 41 - 58.

HABERMAS, Jürgen (1971): Vorbereitende Bemerkungen zu einer Theorie der kommunikativen Kompetenz. In: Sozialtechnologie - Was leistet die Sozialforschung? Frankfurt 1971, 101 - 141.

HABERMAS, Jürgen (1976): Was heißt Universalpragmatik? In: Apel (Hrsg): Sprachpragmatik und Philosophie. Frankfurt 1976, 174 - 272.

HARE, Richart M. (1973): Freiheit und Vernunft. Dt. v. G. Meggle. Düsseldorf.

HARRAS, Gisela (1977): Handlungen begründen. In: Baumgärtner (Hrsg): Sprachliches Handeln. Heidelberg 1977, 28 - 46.

HARRAS, Gisela (1977a): Zur möglichkeit einer integration von sprechakten in ein allgemeines handlungskonzept. In: Zeitschrift für germanistische Linguistik. 5.3, 277 - 297.

HENNIG, Jörg/ HUTH, Lutz (1975): Kommunikation als Problem der Linguistik. Göttingen.

HERINGER, H. Jürgen (1974): Praktische Semantik. Stuttgart.

JEFFREY, Richard C. (1967): Logik der Entscheidungen. Dt. von Th. Cornides. Wien/München.

KAMBARTEL, Friedrich (1974): Moralisches Argumentieren. Methodische Analysen zur Ethik. In: Kambartel (Hrsg): Praktische Philosophie und konstruktive Wissenschaftstheorie. Frankfurt 1974, 54 - 72.

KASPER, Wolfgang (1976): Gemeinsames Wissen. In: Zeitschrift für germanistische Linguistik 4, 17 - 31.

KELLER Rudi (1974): Wahrheit und kollektives Wissen. Zum Begriff der Präsupposition. Düsseldorf.

KELLER, Rudi (1976): Handlungen verstehen. In: Zeitschrift für germanistische Linguistik 4, 1 - 16.

KUMMER, Ingrid (1975): Die Formung von Charakterisierungsbegriffen durch Erzählen. In: Ehrich/Finke (Hrsg): Beiträge zur Grammatik und Pragmatik. Kronberg/Ts. 1975, 265 - 276.

LAUCKEN, Uwe (1974): Naive Verhaltenstheorie. Stuttgart.

LEIST, Anton (1972): Zur Intentionalität von Sprechhandlungen. In: Wunderlich (Hrsg): Linguistische Pragmatik. Frankfurt 1972, 59 - 98.

LEWIS, David L. (1975): Konventionen. Eine sprachphilosophische Abhandlung. Dt. von Posner/Wenzel. Berlin/New York.

MAAS, Utz/ WUNDERLICH, Dieter (1972): Pragmatik und sprachliches Handeln. Mit einer Kritik am Funkkolleg "Sprache". Frankfurt.

OLSON, Elder (1966): Tragedy and the Theory of Drama. 2. Auflage. Detroit.

SCHIFFER, Stephen R. (1972): Meaning. Oxford.

SCHÜTZ, Alfred (1974): Der sinnhafte Aufbau der sozialen Welt. Eine Einleitung in die verstehende Soziologie. Frankfurt.

SEARLE, John R. (1971): Sprechakte. Ein sprachphilosophischer Essay. Dt. v. R. u. R. Wiggershaus. Frankfurt.

SEARLE, John R. (1975): Indirect speech Acts. In: Cole/Morgan (Hrsg): Syntax and Semantics. Volume 3: Speech Acts. New York/San Franisco/ London 1975, 59 - 82.

SINGER, Marcus G. (1975): Verallgemeinerungen in der Ethik. Zur Logik moralischen Argumentierens. Dt. von Langer/Wimmer. Frankfurt.

STRAWSON, Peter F. (1974) : Intention und Konvention in Sprechakten. In: Strawson: Logik und Linguistik. Aufsätze zur Sprachphilosophie. Dt. von J. Schulte. München 1974. 56 - 82.

SWOBODA, Helmut (1974): Richtig entscheiden. Wegweiser zu optimalem Handeln. Reinbek.

TUGENDHAT, Ernst (1976): Vorlesungen zur Einführung in die Sprachanalytische Philosophie. Frankfurt.

VON WRIGHT, Georg H. (1963): Norm and Action. A logical Enquiry. London.

VON WRIGHT, Georg H. (1974): Erklären und Verstehen. Dt. von Grewendorf/Meggle. Frankfurt.

WIEHL, Reiner (1976): Reflexionsprozesse und Handlungen. In: Neue Hefte für Philosophie. Heft 9: Handlungstheorie. Göttingen 1976, 17 - 65.

WITTGENSTEIN, Ludwig (1971): Philosophische Untersuchungen. Frankfurt.

WUNDERLICH, Dieter (1972): Zur Konventionalität von Sprechhandlungen. In: Wunderlich (Hrsg): Linguistische Pragmatik. Frankfurt 1972, 11 - 58.

WUNDERLICH, Dieter (1974): Grundlagen der Linguistik. Reinbek.

WUNDERLICH, Dieter (1976): Studien zur Sprechakttheorie. Frankfurt.

T E X T A N H A N G

Nr. 1 B. BRECHT: IM DICKICHT DER STÄDTE(1)

C. MAYNES LEIHBIBLIOTHEK IN CHICAGO

Am Vormittag des 8. August 1912

Garga hinter dem Ladentisch. Eintreten Shlink und Skinny nach einem Klingelzeichen.

1 - SKINNY: Wenn wir recht gelesen haben, ist dies hier eine Leihbibliothek. Da möchten wir ein Buch ausleihen.
2 - GARGA: Was für ein Buch?
3 - SKINNY: Ein dickes.
4 - GARGA: Für Sie selber?
5 - SKINNY (der vor jeder Antwort Shlink ansieht): Nein, ich bin es nicht, sondern dieser Herr ist es.
6 - GARGA: Ihr Name?
7 - SKINNY: Shlink, Holzhändler, 6, Mulberry Street.
8 GARGA schreibt den Namen auf: Fünf Cent per Woche und Buch. Wählen Sie aus.
9 - SKINNY: Nein, Sie sollen wählen.
10- GARGA: Das ist ein Kriminalroman, kein gutes Buch. Das da ist ein besseres Buch, eine Reisebeschreibung.
11- SKINNY: Sie sagen einfach: das ist ein schlechtes Buch?
12- SHLINK tritt näher: Ist das eine Ansicht von Ihnen? Ich möchte Ihnen diese Ansicht abkaufen. Sind zehn Dollar zu wenig dafür?
13- GARGA: Ich schenke sie Ihnen.
14- SHLINK: Das heißt, Sie ändern Ihre Ansicht dahin ab, daß es ein gutes Buch ist?
15- GARGA: Nein.
16- SKINNY: Sie könnten sich frische Wäsche dafür kaufen.
17- GARGA: Ich habe hier lediglich Bücher einzuwickeln.
18- SKINNY: Er stößt die Kunden ab.
19- GARGA: Was wollen Sie von mir? Ich kenne Sie nicht, habe Sie nie gesehen.
20- SHLINK: Ich biete Ihnen vierzig Dollar für Ihre Ansicht über dieses Buch, das ich nicht kenne und das gleichgültig ist.
21- GARGA: Ich verkaufe Ihnen die Ansichten von Mr. J. V. Jensen und Mr. Arthur Rimbaud, aber ich verkaufe Ihnen nicht meine Ansicht darüber.
22- SHLINK: Und auch Ihre Ansicht ist gleichgültig, außer, daß ich sie kaufen will.
23- GARGA: Ich leiste mir aber Ansichten.
24- SKINNY: Sind Sie aus einer transatlantischen Millionärsfamilie?

25- GARGA: Meine Familie ernährt sich von faulen Fischen.

26- SHLINK freut sich: Ein Kämpfer! Denn man sollte erwarten, daß Sie die Worte, die mir Vergnügen machen und Ihrer Familie von den Fischen helfen, über die Lippen brächten.

27- SKINNY: Vierzig Dollar! Das ist ein Haufen Wäsche für Sie und Ihre Familie.

28- GARGA: Ich bin keine Prostituierte.

29- SHLINK humoristisch: Ich denke, ich greife nicht in Ihr Seelenleben ein mit fünzig Dollar.

30- GARGA: Diese Steigerung Ihres Angebotes ist eine neue Beleidigung, Sie wissen es.

31- SHLINK naiv: Man muß wissen, was besser ist: ein Pfund Fische oder eine Ansicht und dergleichen: zwei Pfund Fische oder die Ansicht.

32- SKINNY Lieber Herr, reiten Sie sich nur nicht hinein!

33- GARGA: Ich lasse Sie hinauswerfen.

34- SKINNY: Daß Sie Ansichten haben, das kommt, weil Sie nichts vom Leben verstehen.

35- SHLINK: Miß Jane Larry sagt, Sie wollten nach Tahiti!

36- GARGA: Ich möchte wissen, woher Sie Jane Larry kennen.

37- SHLINK: Da ihre Hemden nicht mehr bezahlt werden, die sie näht, nagt sie am Hungertuch. Jetzt ist es drei Wochen her, daß Sie sich nicht mehr bei ihr haben blicken lassen.
(Garga entfällt ein Stapel von Büchern.)

38- SKINNY: Aufgepaßt! Sie sind hier Angestellter!

39- GARGA: Ich kann nichts tun gegen Ihre Belästigungen.

40- SHLINK: Sie sind arm.

41- GARGA: Ich nähre mich von Reis und Fischen, wir wissen es.

42- SHLINK: Verkaufen Sie!

43- SKINNY: Sind Sie der Ölkönig?

44- SHLINK: Ihre Straße bemitleidet Sie.

45- GARGA: Ich kann nicht eine ganze Straße niederknallen.

46- SHLINK: Ihre Familie, die aus dem flachen Land kam...

47- GARGA: Schläft zu dritt neben einem geplatzten Ausgußrohr. Ich rauche abends, um schlafen zu können. Die Fenster sind geschlossen, da Chicago kalt ist, wenn es Ihnen Spaß macht.

48- SHLINK: Gewiß, Ihre Geliebte...

49- GARGA: Näht Hemden zu zwei Dollar das Stück. Reingewinn zwölf Cent. Ich empfehle sie Ihnen. Wir sind sonntags zusammen. Die Flasche Whisky kostet achtzig Cent, nicht mehr und nicht weniger als achtzig Cent, wenn es Sie unterhält.

50- SHLINK: Die Hintergedanken werfen Sie nicht auf den Tisch.

51- GARGA: Nein.

52- SHLINK: Da man von zwölf Cent Reingewinn nicht lebt.

53 *GARGA: Man wählt sich seine Unterhaltung nach Geschmack. Man liebt Tahiti, wenn Sie nichts dagegen haben.*

54 *SHLINK: Sie sind gut unterrichtet. Das ist das einfache Leben. An dem Kap Hay kommen noch Stürme vor, weiter südlich sind die Tabakinseln, grüne raschelnde Felder. Man lebt wie eine Eidechse.*

55 *GARGA schaut durchs Fenster, trocken: Vierundneunzig Grad im Schatten. Lärm von der Milwaukeebrücke. Der Verkehr. Ein Vormittag. Wie immer.*

56 *SHLINK: Und an diesem Vormittag, der nicht wie immer ist, eröffne ich den Kampf gegen Sie. Ich beginne ihn damit, daß ich Ihre Plattform erschüttere. (Es schellt. Maynes tritt ein.) Ihr Mann streikt.*

---

(1) aus: B. BRECHT: Gesammelte Werke. Stücke I, Frankfurt 1967, 127 - 129.

Nr. 2: MOLIÈRE: MONSIEUR DE POURCEAUGNAC
I, 3 und I, 4

(in der deutschen übersetzung:
I, 4 und I, 5)

Nr. 2.1. (franz.) (1):

I,3: *SCÈNE III. - MONSIEUR DE POURCEAUGNAC se tourne du côté d'où il vient, comme parlant à des gens qui le suivent, SBRIGANI*

1 - *MONSIEUR DE POURCEAUGNAC: Hé bien, quoi? qu'est-ce? qu'y a-t-il? Au diantre soit la sotte ville, et les sottes gens qui y sont! ne pouvoir faire un pas sans trouver des nigauds qui vous regardent et se mettent à rire! Eh! Messieurs les badauds, faites vos affaires, et laissez passer les personnes sans leur rire au nez. Je me donne au diable, si je ne baille un coup de poing au premier que je verrai rire.*

2 - *SBRIGANI: Qu'est-ce que c'est, Messieurs? que veut dire cela? à qui en avez-vous? Faut-il se moquer ainsi des honnêtes étrangers qui arrivent ici?*

3 - *M. DE POURCEAUGNAC: Voilà un homme raisonnable, celui-là.*

4 - *SBRIGANI: Quel procédé est le vôtre? et qu'avez-vous à rire?*

5 - *M. DE POURCEAUGNAC: Fort bien.*

6 - *SBRIGANI: Monsieur a-t-il quelque chose de ridicule en soi?*

7 - *M. DE POURCEAUGNAC: Oui.*

8 - *SBRIGANI: Est-il autrement que les autres?*

9 - *M. DE POURCEAUGNAC: Suis-je tordu, ou bossu?*

10- *SBRIGANI: Apprenez à connoître les gens.*

11- *M. DE POURCEAUGNAC: C'est bien dit.*

12- *SBRIGANI: Monsieur est d'une mine à respecter.*

13- *M. DE POURCEAUGNAC: Cela est vrai.*

14- *SBRIGANI: Personne de condition.*

15- *M. DE POURCEAUGNAC: Oui, gentilhomme limosin.*

16- *SBRIGANI: Homme d'esprit.*

17- *M. DE POURCEAUGNAC: Qui a étudié en droit.*

18- *SBRIGANI: Il vous fait trop d'honneur de venir dans votre ville.*

19- *M. DE POURCEAUGNAC: Sans doute.*

20- *SBRIGANI: Monsieur n'est point une personne à faire rire.*

21- *M. DE POURCEAUGNAC: Assurément.*

22- *SBRIGANI: Et quiconque rira de lui aura affaire à moi.*

23- *M. DE POURCEAUGNAC: Monsieur, je vous suis infiniment obligé.*

Nr.2

24- SBRIGANI: Je suis fâché, Monsieur, de voir recevoir de la sorte une personne comme vous, et je vous demande pardon pour la ville.

25- M. DE POURCEAUGNAC: Je suis votre serviteur.

26- SBRIGANI: Je vous ai vu ce matin, Monsieur, avec le coche, lorsque vous avez déjeuné; et la grâce avec laquelle vous mangiez votre pain m'a fait naître d'abord de l'amitié pour vous; et comme je sais que vous n'ètes jamais venu en ce pays, et que vous y ètes tout neuf, je suis bien aise de vous avoir trouvé, pour vous offrir mon service à cette arrivée, et vous aider à vous conduire parmi ce peuple, qui n'a pas parfois pour les honnêtes gens toute la considération qu'il faudroit.

27- M. DE POURCEAUGNAC: C'est trop de grâce que vous me faites.

28- SBRIGANI: Je vous l'ai déja dit: du moment que je vous ai vu, je me suis senti pour vous de l'inclination.

29- M. DE POURCEAUGNAC: Je vous suis obligé.

30- SBRIGANI: Votre physionomie m'a plu.

31- M. DE POURCEAUGNAC: Ce m'est beaucoup d'honneur.

32- SBRIGANI: J'y ai vu quelque chose d'honnête.

33- M. DE POURCEAUGNAC: Je suis votre serviteur.

34- SBRIGANI: Quelque chose d'aimable.

35- M. DE POURCEAUGNAC: Ah! ah.

36- SBRIGANI: De gracieux.

37- M. DE POURCEAUGNAC: Ah! ah!

38- SBRIGANI: De doux.

39- M. DE POURCEAUGNAC: Ah! ah!

40- SBRIGANI: De majestueux.

41- M. DE POURCEAUGNAC: Ah! ah!

42- SBRIGANI: De franc.

43- M. DE POURCEAUGNAC: Ah! ah!

44- SBRIGANI: Et de cordial.

45- M. DE POURCEAUGNAC: Ah! ah!

46- SBRIGANI: Je vous assure que je suis tout à vous.

47- M. DE POURCEAUGNAC: Je vous ai beaucopu d'obligation.

48- SBRIGANI: C'est du fond du coeur que je parle.

49- M. DE POURCEAUGNAC: Je le crois.

50- SBRIGANI: Si j'avois l'honneur d'être connu de vous, vous sauriez que je suis un homme tout à fait sincère.

51- M. DE POURCEAUGNAC: Je n'en doute point.

52- SBRIGANI: Ennemi de la fourberie.

53- M. DE POURCEAUGNAC: J'en suis persuadè.

54- SBRIGANI: Et qui n'est pas capable de déguiser ses sentiments.

55- M. DE POURCEAUGNAC: C'est ma pensée.

Nr.2

56- SBRIGANI: Vous regardez mon habit qui n'est pas fait comme les autres; mais je suis originaire de Naples, à votre service, et j'ai voulu conserver un peu et la manière de s'habiller, et la sincérité de mon pays.

57- M. DE POURCEAUGNAC: C'est fort bien fait. Pour moi j'ai voulu me mettre à la mode de la cour pour la campagne.

58- SBRIGANI: Ma foi! cela vous va mieux qu'à tous nos courtisans.

59- M. DE POURCEAUGNAC: C'est ce que m'a dit mon tailleur: l'habit est propre et riche, et il fera du bruit ici.

60- SBRIGANI: Sans doute. N'irez-vous pas au Louvre?

61- M. DE POURCEAUGNAC: Il faudra bien aller faire ma cour.

62- SBRIGANI: Le Roi sera ravi de vous voir.

63- M. DE POURCEAUGNAC: Je le crois.

64- SBRIGANI: Avez-vous arrêté un logis?

65- M. DE POURCEAUGNAC: Non; j'allois en chercher un.

66- SBRIGANI: Je serai bien aise d'être avec vous pour cela, et je connois tout ce pays-ci.

SCÈNE IV. - ÉRASTE, SBRIGANI, MONSIEUR DE POURCEAUGNAC

1- ÉRASTE: Ah! qu'est-ce ci? que vois-je? Quelle heureuse rencontre! Monsieur de Pourceaugnac! Que je suis ravi de vous voir! Comment? il semble que vous ayez peine à me reconnoître!

2- M. DE POURCEAUGNAC: Monsieur, je suis votre serviteur.

3- ÉRASTE: Est-il possible que cinq ou six années m'aient ôté de votre mémoire? et que vous ne reconnoissiez pas le meilleur ami de toute la famille des Pourceaugnac?

4- M. DE POURCEAUGNAC: Pardonnez-moi. (A Sbrigani.) Ma foi! je ne sais qui il est.

5- ÉRASTE: Il n'y a pas un Pourceaugnac à Limoges que je ne connoisse depuis le plus grand jusques au plus petit; je ne fréquentois qu'eux dans le temps que j'y étois, et j'avois l'honneur de vous voir presque tous les jours.

6- M. DE POURCEAUGNAC: C'est moi qui l'ai reçu, Monsieur.

7- ÉRASTE: Vous ne vous remettez point mon visage?

8- M. DE POURCEAUGNAC: Si fait. (A Sbrigani.) Je ne le connois point.

9- ÉRASTE: Vous ne vous ressouvenez pas que j'ai eu le bonheur de boire avec vous je ne sais combien

Nr. 2

de fois?

10- *M. DE POURCEAUGNAC: Excusez-moi. (A Sbrigani.) Je ne sais ce que c'est.*

11- *ÉRASTE: Comment appelez-vous ce traiteur de Limoges qui fait si bonne chère?*

12- *M. DE POURCEAUGNAC:* **Petit-Jean?**

13- *ÉRASTE: Le voilà. Nous allions le plus souvent ensemble chez lui nous réjouir. Comment est-ce que vous nommez à Limoges ce lieu où l'on se promène?*

14- *M. DE POURCEAUGNAC: Le cimetière des Arènes?*

15- *ÉRASTE: Justement: c'est où je passois de si douces heures à jouir de votre agréable conversation. Vous ne vous remettez pas tout cela?*

16- *M. DE POURCEAUGNAC: Excusez-moi, je me le remets. (A Sbrigani.) Diable emporte si je m'en souviens!*

17- *SBRIGANI: Il y a cent choses comme cela qui passent de la tête.*

18- *ÉRASTE: Embrassez-moi donc, je vous prie, et resserrons les noeuds de notre ancienne amitié.*

19- *SBRIGANI: Voilà un homme qui vous aime fort.*

20- *ÉRASTE: Dites-moi un peu des nouvelles de toute la parenté: comment se porte Monsieur votre... là... qui est si honnête homme?*

21- *M. DE POURCEAUGNAC: Mon frère le consul?*

22- *ÉRASTE: Oui.*

23- *M. DE POURCEAUGNAC: Il se porte le mieux du monde.*

24- *ÉRASTE: Certes j'en suis ravi. Et celui qui est de si bonne humeur? là... Monsieur votre...?*

25- *M. DE POURCEAUGNAC: Mon cousin l'assesseur?*

26- *ÉRASTE: Justement.*

27- *M. DE POURCEAUGNAC: Toujours gai et gaillard.*

28- *ÉRASTE: Ma foi! j'en ai beaucoup de joie. Et Monsieur votre oncle? le...?*

29- *M.DE POURCEAUGNAC: Je n'ai point d'oncle.*

30- *ÉRASTE: Vous aviez pourtant en ce temps-là...*

31- *M. DE POURCEAUGNAC: Non, rien qu'une tante.*

32- *ÉRASTE: C'est ce que je voulois dire, Madame votre tante: comment se porte-t-elle?*

33- *M. DE POURCEAUGNAC: Elle est morte depuis six mois.*

34- *ÉRASTE: Hélas! la pauvre femme! elle étoit si bonne personne.*

35- *M. DE POURCEAUGNAC: Nous avons aussi mon neveu le chanoine qui a pensé mourir de la petite vérole.*

36- *ÉRASTE: Quel dommage ç'auroit été!*

37- *M. DE POURCEAUGNAC: Le connoissez-vous aussi?*

38- *ÉRASTE: Vraiment si je le connois! Un grand garçon bien fait.*

Nr. 2

39- *M. DE POURCEAUGNAC: Pas des plus grands.*
40- *ÉRASTE: Non, mais de taille bien prise.*
41- *M. DE POURCEAUGNAC: Eh! oui.*
42- *ÉRASTE: Qui est votre neveu...*
43- *M. DE POURCEAUGNAC: Oui.*
44- *ÉRASTE: Fils de votre frère et de votre soeur...*
45- *M. DE POURCEAUGNAC: Justement.*
46- *ÉRASTE: Chanoine de l'église de... Comment l'appelez-vous?*
47- *M. DE POURCEAUGNAC: De Saint-Étienne.*
48- *ÉRASTE: Le voilà, je ne connois autre.*
49- *M. DE POURCEAUGNAC: Il dit toute la parenté.*
50- *SBRIGANI: Il vous connoît plus que vous ne croyez.*
51- *M. DE POURCEAUGNAC: A ce que je vois, vous avez demeuré longtemps dans notre ville?*
52- *ÉRASTE: Deux ans entiers.*
53- *M. DE POURCEAUGNAC: Vous étiez donc là quand mon cousin l'élu fit tenir son enfant à Monsieur notre gouverneur?*
54- *ÉRASTE: Vraiment oui, j'y fus convié des premiers.*
55- *M. DE POURCEAUGNAC: Cela fut galant.*
56- *ÉRASTE: Très-galant.*
57- *M. DE POURCEAUGNAC: C'étoit un repas bien troussé.*
58- *ÉRASTE: Sans doute.*
59- *M. DE POURCEAUGNAC: Vous vites donc aussi la querelle que j'eus avec ce gentil-homme périgordin?*
60- *ÉRASTE: Oui.*
61- *M. DE POURCEAUGNAC: Parbleu! il trouva à qui parler.*
62- *ÉRASTE: Ah! ah!*
63- *M. DE POURCEAUGNAC: Il me donna un soufflet, mais je lui dis bien son fait.*
64- *ÉRASTE: Assurément. Au reste, je ne prétends pas que vous preniez d'autre logis que le mien.*
65- *M. DE POURCEAUGNAC: Je n'ai garde de...*
66- *ÉRASTE: Vous moquez-vous? Je ne souffrirai point du tout que mon meilleur ami soit autre part que dans ma maison.*
67- *M. DE POURCEAUGNAC: Ce seroit vous...*
68- *ÉRASTE: Non: le diable m'emporte! vous logerez chez moi.*
69- *SBRIGANI: Puisqu'il le veut obstinément, je vous conseille d'accepter l'offre.*
70- *ÉRASTE: Où sont vos hardes?*
71- *M. DE POURCEAUGNAC: Je les ai laissées, avec mon valet, où je suis descendu.*

Nr. 2

72- *ÉRASTE: Envoyons-les querir par quelqu'un.*

73- *M. DE POURCEAUGNAC: Non: je lui ai défendu de bouger, à moins que j'y fusse moi-mème, de peur de quelque fourberie.*

74- *SBRIGANI: C'est prudemment avisé.*

75- *M. DE POURCEAUGNAC: Ce pays-ci est un peu sujet à caution.*

76- *ÉRASTE: On voit les gens d'ésprit en tout.*

77- *SBRIGANI: Je vais accompagner Monsieur, et le ramènerai où vous voudrez.*

78- *ÉRASTE: Oui, je serai bien aise de donner quelques ordres, et vous n'avez qu'à revenir à cette maison-là.*

79- *SBRIGANI: Nous sommes à vous tout à l'heure.*

80- *ÉRASTE: Je vous attends avec impatience.*

81- *M. DE POURCEAUGNAC: Voilà une connoissance où je ne m'attendois point.*

82- *SBRIGANI: Il a la mine d'ètre honnête homme.*

83- *ÉRASTE (seul): Ma foi! Monsieur de Pourceaugnac, nous vous en donnerons de toutes les façons; les choses sont préparées, et je n'ai qu'à frapper.*

---

(1) aus: MOLIÈRE: Oeuvres complètes. Paris (Garnier) 1962, T. II, 327 - 336.

Nr. 2.2 (deutsch)

I, 4 (entspricht franz. I,3) (1):

VIERTER AUFTRITT: Sbrigani, Herr von Pourceaugnac

POURCEAUGNAC: (spricht in die Kulisse zu Leuten, die ihn offenbar verfolgen) Wie? Was? Was soll das? Der Teufel hole diese dumme Stadt und die dummen Leute, die drin wohnen! Man kann keinen Schritt tun, ohne auf ein paar Taugenichtse zu stoßen, die einen anglotzen und grinsen! Heda! Ihr Herrn Gaffer, kümmert euch um eure Angelegenheiten und laßt ehrliche Leute vorübergehen, ohne ihnen ins Gesicht zu lachen! Der Teufel soll mich holen, wenn ich den nicht meine Fäuste fühlen lasse, den ich lachen sehe!
SBRIGANI: (zu denselben Leuten) Was soll das, ihr Herren? Was wollt ihr? Darf man sich so über ehrsame Fremde lustig machen, die hierher kommen?
POURCEAUGNAC: Das scheint mir ein vernünftiger Mann zu sein.
SBRIGANI: Was habt ihr für Absichten? Und worüber lacht ihr?
POURCEAUGNAC: Sehr gut.
SBRIGANI: Ist an dem Herrn etwas lächerlich?
POURCEAUGNAC: So ists recht.
SBRIGANI: Ist er anders als die andern?
POURCEAUGNAC: Bin ich bucklig oder schief?
SBRIGANI: Lernt eure Leute kennen!
POURCEAUGNAC: Sehr gut gesagt.
SBRIGANI: Der Herr sieht aus wie eine Respektsperson.
POURCEAUGNAC: Das ist wahr.
SBRIGANI: Ein vornehmer Herr.
POURCEAUGNAC: Ja, Edelmann aus Limoges.
SBRIGANI: Ein Mann von Geist.
POURCEAUGNAC: Der die Rechte studiert hat.
SBRIGANI: Und euch viel zuviel Ehre erweist, wenn er in eure Stadt kommt.
POURCEAUGNAC: Unzweifelhaft.
SBRIGANI: An dem Herrn ist nichts, worüber man lachen müßte.
POURCEAUGNAC: Ganz gewiß.
SBRIGANI: Und wer noch über ihn lacht, hats mit mir zu tun.
POURCEAUGNAC: (zu Sbrigani) Mein Herr, ich bin Ihnen unendlich verbunden.
SBRIGANI: Ich bin empört, mein Herr, daß man eine Person wie Sie so empfängt, und ich bitte Sie im Namen unserer ganzen Stadt um Entschuldigung.

Nr. 2

POURCEAUGNAC: Ihr Diener!
SBRIGANI: Ich habe Sie heute schon gesehen, mein Herr, mit Ihrem Wagen, als Sie frühstückten, und die Grazie, mit der Sie Ihr Brot verzehrten, erweckte in mir sofort ein Gefühl der Freundschaft für Sie. Und da ich weiß, daß Sie noch nie in dieser Gegend gewesen, daß Sie hier ganz fremd sind, bin ich glücklich, Sie wiedergefunden zu haben, um Ihnen zu Ihrer Ankunft meine Dienste anzubieten und Ihnen zu helfen, sich unter diesem Volke zurechtzufinden, das mitunter die nötige Hochachtung vor ehrenwerten Leuten vermissen läßt.
POURCEAUGNAC: Sie sind zu liebenswürdig.
SBRIGANI: Ich sagte es Ihnen schon: von dem ersten Augenblick an, da ich Sie sah, fühlte ich mich zu Ihnen hingezogen.
POURCEAUGNAC: Ich bin Ihnen sehr verbunden.
SBRIGANI: Ihre Physiognomie gefiel mir.
POURCEAUGNAC: Viel Ehre für mich.
SBRIGANI: Ich sah so was Honettes an Ihnen.
POURCEAUGNAC: Ihr Diener.
SBRIGANI: So was Liebenswürdiges.
POURCEAUGNAC: Ah! Ah!
SBRIGANI: Anmutiges..
POURCEAUGNAC: Ah! Ah!
SBRIGANI: Freundliches...
POURCEAUGNAC: Ah! Ah!
SBRIGANI: Majestätisches...
POURCEAUGNAC: Ah! Ah!
SBRIGANI: Freimütiges...
POURCEAUGNAC: Ah! Ah!
SBRIGANI: Leutseliges...
POURCEAUGNAC: Ah! Ah.
SBRIGANI: Ich versichere, daß ich ganz der Ihre bin.
POURCEAUGNAC: Sie verpflichten mich ungemein.
SBRIGANI: Ich spreche aus tiefster Überzeugung.
POURCEAUGNAC: Das glaub ich.
SBRIGANI: Hätte ich die Ehre, Ihnen bekannt zu sein, wüßten Sie, daß ich ein durch und durch aufrichtiger Mensch bin.
POURCEAUGNAC: Ich zweifle nicht daran.
SBRIGANI: Ein Feind jeglicher Schelmenstreiche.
POURCEAUGNAC: Davon bin ich überzeugt.
SBRIGANI: Der nicht imstande ist, seine Gefühle zu verbergen.
POURCEAUGNAC: Das will ich meinen.
SBRIGANI: Es fällt Ihnen auf, daß ich nicht so gekleidet bin wie die andern. Das macht, ich bin aus Neapel, mit Ihrer Erlaubnis, und ich wollte ein

wenig die Tracht und die Aufrichtigkeit meiner Landsleute beibehalten.

POURCEAUGNAC: Da tun Sie recht. Ich meinerseits wollte mich für diese Reise nach der Hofmode kleiden.

SBRIGANI: Wahrhaftig, sie steht Ihnen besser als allen unseren Kavalieren.

POURCEAUGNAC: Das sagt auch mein Schneider. Der Anzug ist sauber und reich und wird hier Aufsehen erregen.

SBRIGANI: Ganz gewiß. Wollen Sie auch nach dem Louvre?

POURCEAUGNAC: Ich muß wohl meine Aufwartung machen.

SBRIGANI: Der König wird entzückt sein, Sie zu sehen.

POURCEAUGNAC: Das glaub ich.

SBRIGANI: Haben Sie schon eine Wohnung?

POURCEAUGNAC: Nein. Ich wollte mir jetzt eine suchen.

SBRIGANI: Ich will Ihnen gern dabei behilflich sein. Ich kenne mich in der ganzen Gegend aus.

FÜNFTER AUFTRITT: Die Vorigen, Erast

ERAST: Ah! Was ist denn das? Was sehe ich? Welch glückliche Begegnung! Herr von Pourceaugnac! Ich bin entzückt. Sie zu sehen. Wie? Mir scheint, Sie erkennen mich nicht!

POURCEAUGNAC: Mein Herr, ich bin Ihr ergebener Diener.

ERAST: Ists möglich, daß fünf oder sechs Jahre mich aus Ihrem Gedächtnis gelöscht haben, daß Sie den besten Freund der ganzen Familie Pourceaugnac nicht wiedererkennen?

POURCEAUGNAC: Entschuldigen Sie. (Zu Sbrigani) Bei Gott, ich weiß nicht, wer das ist.

ERAST: Es gibt keinen Pourceaugnac in ganz Limoges, den ich nicht kennte, von den größten bis zu den allerkleinsten. Als ich dort lebte, habe ich nur bei ihnen verkehrt, und ich hatte die Ehre, Sie mein Herr, fast jeden Tag zu sehen.

POURCEAUGNAC: Die Ehre ist ganz meinerseits, werter Herr.

ERAST: Erinnern Sie sich gar nicht mehr an mein Gesicht?

POURCEAUGNAC: Doch, doch. (Zu Sbrigani) Ich kenne ihn nicht.

ERAST: Sie erinnern sich nicht, daß ich das Vergnügen hatte, ich weiß nicht wievielmal mit Ihnen zu zechen?

POURCEAUGNAC: Entschuldigen Sie... (Zu Sbrigani) Ich weiß nicht, wer das ist.

ERAST: Wie heißt doch gleich dieser Gastwirt in Li-

Nr. 2

moges, bei dem man so gut speist?
POURCEAUGNAC: Petit-Jean?
ERAST: Ganz recht. Wie oft sind wir zusammen zu ihm gegangen, um uns gütlich zu tun! Und wie nennen Sie doch jenen beliebten Spaziergang in Limoges?
POURCEAUGNAC: Sie meinen den Park von Arènes?
ERAST: Natürlich! Da habe ich so angenehme Stunden in anregenden Gesprächen mit Ihnen verbracht! Sie erinnern sich an das alles nicht mehr?
POURCEAUGNAC: Entschuldigen Sie; ich erinnere mich wohl. (Zu Sbrigani) Der Teufel soll mich holen, wenn ich etwas davon weiß.
SBRIGANI: (leise) Es gibt tausend Dinge dieser Art, die man vergißt.
ERAST: So umarmen Sie mich und erneuern wir den Bund unserer alten Freundschaft!
SBRIGANI: (zu Pourceaugnac) Das ist ein Mann, der Sie von Herzen lieb hat.
ERAST: Erzählen Sie mir etwas Neues von Ihrer Verwandtschaft. Wie geht es Ihrem Herrn... na... diesem ehrenwerten Mann.
POURCEAUGNAC: Meinem Bruder, dem Konsul?
ERAST: Ja, ja.
POURCEAUGNAC: Es geht im ganz ausgezeichnet.
ERAST: Das freut mich ungemein. Und dieser, der immer so vergnügt ist... Ihr Herr...
POURCEAUGNAC: Mein Vetter, der Assessor?
ERAST: Ja, der Herr Assessor.
POURCEAUGNAC: Immer bei guter Laune.
ERAST: Sehr erfreulich! Und Ihr Herr Onkel? Der...
POURCEAUGNAC: Ich habe keinen Onkel.
ERAST: Damals hatten Sie aber einen.
POURCEAUGNAC: Nein, nur eine Tante.
ERAST: Die meine ich ja - Ihre Frau Tante. Wie geht es ihr?
POURCEAUGNAC: Sie ist vor einem halben Jahr gestorben.
ERAST: O weh! Die arme Frau! Sie war eine so gütige Dame!
POURCEAUGNAC: Auch mein Neffe, der Kanonikus, wäre fast an den Pocken gestorben.
ERAST: Das wäre aber furchtbar traurig!
POURCEAUGNAC: Haben Sie ihn auch gekannt?
ERAST: Ob ich ihn kenne! Ein hochgewachsener hübscher junger Mann.
POURCEAUGNAC: Hochgewachsen eigentlich nicht.
ERAST: Aber sehr gut gewachsen.
POURCEAUGNAC: Das schon.
ERAST: Das ist also Ihr Neffe.
POURCEAUGNAC: Ja.

Nr. 2

ERAST: Ein Sohn Ihres Bruders oder Ihrer Schwester?
POURCEAUGNAC: Jawohl.
ERAST: Knonikus an der Kirche... wie hieß die doch gleich?
POURCEAUGNAC: Zu Sankt Stefan.
ERAST: Richtig! Ich kenne keine andere.
POURCEAUGNAC: (zu Sbrigani) Er kennt meine ganze Verwandtschaft.
SBRIGANI: Er kennt Sie viel besser, als Sie ahnen.
POURCEAUGNAC: Sie müssen anscheinend recht lange in unserer Stadt gelebt haben?
ERAST: Zwei ganze Jahre.
POURCEAUGNAC: So waren Sie auch da, als mein Vetter, der Steuerrat, unsern Gouverneur als Paten zu seinem Sohn gebeten hatte?
ERAST: Freilich! Ich war einer der ersten Geladenen.
POURCEAUGNAC: Das war doch fein.
ERAST: O ja, sehr fein.
POURCEAUGNAC: Es war ein ausgesuchtes Festmahl.
ERAST: Allerdings.
POURCEAUGNAC: So wissen Sie auch von meinem Streit mit jenem Edelmann aus Perigord?
ERAST: Ja.
POURCEAUGNAC: Bei Gott! Da war er an den Rechten gekommen!
ERAST: Ah! Ah!
POURCEAUGNAC: Er gab mir eine Ohrfeige. Ich habe ihm aber den Standpunkt klargemacht.
ERAST: Sicherlich. Aber um es kurz zu machen - ich dulde es nicht, daß Sie anderswo logieren als bei mir.
POURCEAUGNAC: Ich weiß nicht recht...
ERAST: Wollen Sie meiner spotten? Ich lasse es einfach nicht zu, daß mein bester Freund nicht in meinem Haus wohnt.
POURCEAUGNAC: Das könnte Sie...
ERAST: Keineswegs. Fangen Sie gar nicht erst an. Sie wohnen bei mir.
SBRIGANI: (zu Pourceaugnac) Wenn er so darauf besteht, rate ich Ihnen, das Angebot anzunehmen.
ERAST: Wo haben Sie Ihr Gepäck?
POURCEAUGNAC: Ich habe es mit meinem Diener auf der Poststation gelassen.
ERAST: So lassen wir es abholen.
POURCEAUGNAC: Nein. Ich habe ihm verboten, sich von der Stelle zu rühren, solange ich nicht selbst komme - aus Furcht vor irgendeiner Gaunerei.
SBRIGANI: Das war mit weiser Vorsicht gehandelt.
POURCEAUGNAC: Man muß hierzulande auf der Hut sein.

Nr. 2

ERAST: *Den klugen Mann erkennt man an allem.*
SBRIGANI: *Ich will den Herrn begleiten und bringe ihn dann an den von Ihnen gewünschten Ort.*
ERAST: *Sehr schön. Ich habe noch einiges anzuordnen. Sie kommen dann wieder vor dies Haus.*
SBRIGANI: *Wir sind sofort wieder da.*
ERAST: (zu Pourceaugnac) Ich erwarte Sie mit Ungeduld.
POURCEAUGNAC: (zu Sbrigani) Das ist eine Bekanntschaft, auf die ich nicht gefaßt war.
SBRIGANI: *Er sieht aus wie ein Ehrenmann. (Ab mit Pourceaugnac)*
ERAST: *(allein) Jawohl, Herr von Pourceaugnac, der Krieg ist auf der ganzen Linie erklärt. Es ist alles bereit, ich habe nur noch zuzuschlagen. Heda!*

---

(1) aus: MOLIÈRE: Werke. Dt. v. A. Luther, R.A. Schröder, L. Wolde. Wiesbaden (Insel) 1954 , 775 - 781.

Nr. 3: GEORGE COURTELINE: DER BOTE DES HIMMELS(1)

(Ein Zimmer ohne Möbel)

M. MISTIC: Mein Gott, Du siehst mein Elend. Ich
weiß genau, Du wirst sagen: "Deine Schuld!
Wenn Du Deinen Vorgesetzten nicht einen
Strolch und Bettnässer genannt hättest, hätte
man Dich nicht vor die Tür gesetzt."
1 *Natürlich. Ein Wort zu viel. Wer weiß, daß*
es ein Wort zu viel war, bevor er es gesprochen
hat? Mein Gott, ich stecke in einem
Pürée, wenn jetzt nicht der Bote des Himmels
kommt, kann ich mich in einem Glas Wasser
ersäufen.

2 *M. TRAC: M. Mistic?*

M. MISTIC: Ich bins, Monsieur. Kommen Sie doch
herein. Ich bitte um Verzeihung, daß ich Ih-
3 *nen keinen Platz anbieten kann, aber ich*
stecke in einem solchen Brei ... ich war ge-
zwungen, heute morgen sozusagen das letzte
Bein von meinem letzten Stuhl zu essen.

4 *M. TRAC: Ich komme in einer kleinen vertrauens-*
vollen Angelegenheit zu Ihnen.

5 *M. MISTIC: Womit kann ich Ihnen dienen?*

M. TRAC: Nun, ohne viele Worte... mit einem Wort
6 *also: ich würde Sie gerne mit meinem Fuß in*
den Hintern treten. Was würde mich das ko-
sten?

7 *M. MISTIC: Wie bitte?*

8 *M. TRAC: Ich sage, was würde es mich kosten, Sie*
in den Hintern zu treten.

9 *M. MISTIC (enttäuscht und betrübt): Was für ein*
schlechter Witz.

M. TRAC: Ich spaße nicht, Monsieur. Wie könnte
ich mit einem Mann spaßen, der heute morgen
das letzte Bein von seinem letzten Stuhl ge-
gessen hat. O nein! Hören Sie zu und Sie wer-
den sehen, ob mir zum Spaßen ist. Es ist un-
gefähr 6 Monate her, da erhielt ich im Ver-
lauf einer Diskussion, über deren Gegenstand
ich hier nichts sagen muß, von meinem plötz-
lich außer sich geratenen Kontrahenten einen
Fußtritt, den erstaunlichsten Fußtritt, den je
ein Mann wie ich bei einer Diskussion empfing.
Meine erste Regung. Sie werden es erraten,
war, im selben Ton zu ripostieren, und schon
holte ich von hinten nach vorne aus, als -
ich habe versprochen, Ihnen alles zu erzäh-
len - als die ins Auge gefaßten Folgen einer
solchen Tat, das Gespenst der unvermeidlichen

Nr. 3

Folgen, die ganz natürliche Angst vor Schlägen usw., usw., usw., den Ablauf meiner Gedanken
10- *veränderten. Mir fehlte der Mut, bis zum Äußersten zu gehen, und mein Bein, schon in der Luft, nahm seine normale Stellung wieder ein, ohne zur Tat geschritten zu sein. Ich bin ein Mann ohne Tapferkeit. Aber ich bin nicht ohne Stolz. Ich hatte die Ehre, Sie mit den Beleidigungen zu unterhalten, die mir zugefügt wurden, erlauben Sie mir nun, zu berichten, daß ich von jetzt ab nur noch ein Ziel, einen Gedanken habe, meinerseits an einen Schwächeren zu geraten.*
Nun, kurze Zeit darauf, sah ich in der Dunkelheit eines Lokals, in das ich hereingekommen war, um meine Schande zu verstecken, einen kleinen alten Herrn allein an einem Tisch sitzen. Seine überaus gutherzige Miene schien mir sehr günstig. Ihm sein Bierglas auf die Hose zu kippen, war eine Sache von Sekunden. Unglücklicherweise war der alte Herr nur vom Aussehen her sehr gutherzig. Ohne ein Wort zu sagen stand er auf und versetzte mir mit äußerster Kraft ...
11- *M. MISTIC: einen Fußtritt.*
M. TRAC: Furchtsame Menschen sind zu bedauern, Monsieur. Ich kassierte diese zweite Demütigung, wie ich die erste kassiert hatte und zog mich schweigend zurück. Ich hab's nochmal probiert, diesmal mit einem kleinen Krüppel, leider ohne Klumpfuß, das brachte mir ein drittes Ding in ... in mein Gehäuse.
12- *Was soll ich Ihnen sagen, Monsieur? Gespalten zwischen meinen streibaren Gelüsten und meinem natürlichen Kleinmut, der mich hindert, meine Vorhaben glücklich auszuführen, fliege ich seit sechs Monaten von Stiefelschlag zu Stiefelschlag, wie ein Schmetterling von Blume zu Blume. Ganz entmutigt, bin ich jetzt so weit gekommen, meine Rehabilitierung gutwillig zu kaufen.*
13- *M. MISTIC: Ich verstehe.*
14- *M. TRAC: Mein Lieber! Ich biete Ihnen 50 Francs.*
15- *M. MISTIC: Als Rente?*
16- *M. TRAC: Als Kapital.*
17- *M. MISTIC: Einverstanden. (Er dreht sich zur Wand und öffnet halb seinen Rockschoß.)*
18- *Rehabilitieren Sie sich!*

---

(1) in: Theater Heute, Heft 5, Mai 1977, 3.
Das französische original war mir leider nicht

Nr. 3

M. TRAC: Ach Monsieur, es ist sinnlos... Ich trau mich nicht. Ich mache Ihnen einen
19- *Vorschlag, ich gebe Ihnen weitere 50 Francs und wir annullieren den Handel.*

---

zugänglich. Die in T H abgedruckte übersetzung lag einer aufführung der Berliner Schaubühne zugrunde.